Giuseppe Bianchi
Simone Silvestroni

52 giorni

ROMANZO

Editing e impaginazione: Simone Silvestroni.
Copertina: Alessandro Randi.
© 2014 Giuseppe Bianchi e Simone Silvestroni.

*Le cimici non sono ritenute vettori di organismi patogeni,
perciò il danno prodotto è esclusivamente diretto
ed è rappresentato da manifestazioni allergiche
sotto forma di irritazioni cutanee,
causate dall'immissione della saliva.*

BREVIARIO DEI TERMINI DI KARATÈ UTILIZZATI

Ashi barai
Tecnica di sbilanciamento e proiezione dell'avversario eseguita con il piede. Assimilabile a un calcio basso circolare, è anche chiamato "spazzata".

Dan
Grado di maestria tecnica in un'arte marziale, che viene assegnato una volta raggiunto il livello di cintura nera. Il numero di *dan* viene acquisito negli anni, superando esami di abilità di solito fino al quinto grado. Successivamente, il numero di *dan* aumenta per meriti speciali, come per esempio la vittoria di un campionato.

Dojo
Letteralmente "luogo dove si segue la via", dove si svolgono gli allenamenti alle arti marziali. Possiamo tradurlo come palestra.

Gan kaku
Letteralmente "la gru su una roccia". *Kata* per cinture nere avanzate, richiede grande abilità ed equilibrio per essere eseguito. Si può immaginare la gru che dalla cima di una roccia si difende dai nemici stando in equilibrio su un arto solo.

Gi
Abbreviazione di *karategi*, la divisa da allenamento del
karatè.

Hangetsu
Letteralmente "mezza luna". *Kata* per cinture nere a-
vanzate, richiede notevoli doti di contrazione e de-
contrazione muscolare. Trae il suo nome dalla posizione dei piedi nel loro arco di movimenti.

Kata
Successioni di tecniche codificate del karatè, da eseguire in più direzioni. Ogni *kata* rappresenta un combattimento figurato contro più avversari. È possibile
svolgere l'applicazione del *kata*: in questo caso la rea-
lizzazione di ogni tecnica avviene con avversari reali.

Keri
Plurale di calcio. Indica tutte le tipologie di calci esi-
stenti nel karatè. Frontale, laterale, circolare, a gan-
cio, all'indietro, volante, ad ascia, basso e a spazzare.

Kiai
Grido che accompagna le tecniche espresse alla mas-
sima potenza. Letteralmente, *ki* sta per energia vitale e *ai* può essere tradotto come unione. L'individuo
unisce la propria energia vitale e quella della natura
attraverso l'espirazione e la contrazione addominale,
che sfociano in un grido.

Kumite
Letteralmente "mettere insieme la mano". È lo scam-
bio di tecniche tra karateka. Traducibile come combattimento.

Mae geri
Calcio frontale.

Mawashi geri
Letteralmente "calcio circolare". Può essere eseguito in numerose varianti. È tipico del karatè, ma presente in molte arti marziali o sport da combattimento.

Nō
Il *Nō* è una forma di teatro sorta in Giappone nel XIV secolo. Presuppone una cultura elevata per essere compreso.

Oss
Nel karatè il saluto è spesso accompagnato dalla parola *osu* (pronunciata "oss"). È l'abbreviazione di *ohayō go-zaimasu* (equivalente al nostro buongiorno), o di *onegai shimasu*. Tradotto è: "onorato di imparare con voi".

Seiza
Letteralmente "sedersi correttamente". È il termine che indica la posizione seduta tradizionale.

Tekki nidan
Letteralmente "cavaliere di ferro". *Kata* generalmente praticato dalle cinture nere dal secondo *dan* in su. Rappresenta il combattimento su una barca, o immaginando di avere le spalle al muro. Gli spostamenti si svolgono su una linea orizzontale, lungo un'unica direzione, immaginando l'arrivo di avversari a sinistra e a destra.

Tsuki
Indica tutte le tipologie di pugno.

Giorno 1
Tutte a lui

Auro mi stringe la mano con fare marziale. Reduce da due settimane sul Mar Rosso, è abbronzato e in forma. Statura media, fisico magro ma dotato di una muscolatura solida e definita. Le dita affusolate si agitano in maniera nevrotica. Chiediamo un tavolo al cameriere del *Beverin*.

— Come hai passato le vacanze? — esordisco.

Si tira indietro i capelli scuri, con entrambe le mani. Sembra sull'orlo di schiumare di rabbia. I suoi occhi neri hanno le pupille completamente dilatate. Le narici del naso aquilino allargate a dismisura. Un apache sul piede di guerra.

— C-che d-domande fai? —
— Sei in forma, abbronzatissimo — butto lì.

Si alza di scatto, come una molla. Inizia a sbracciarsi. La sua figura atletica si tende verso un uomo che si avvicina ad ampie falcate. Scorgo la figura familiare di Pietro, nostro amico e compagno di karatè.
Mi ricorda un soldato russo. Carnagione chiarissima, testa permanentemente rasata, ha grandi oc-

chi verdi e un naso piuttosto largo e schiacciato. Spalle larghe e fisico poderoso, ci raggiunge rapidamente con il suo passo deciso.

— Ragazzi, tutto bene? — irrompe, stringendoci la mano con vigore.

Il suo metro e novanta intercetta l'attenzione di un tavolo interamente occupato da ragazze, una più bella dell'altra. Auro se ne accorge subito.

— S-sempre a lui... oh, TUTTE A LUI! — protesta, senza la minima ironia.

Pietro ignora l'osservazione irritata e ammicca, con un gesto che gli riesce naturale. Le ragazze ricambiano. Fa caldo, ordiniamo tre birre.

— Ossia, sei autentico *tombeur de femme* — esclama una voce profonda, che sembra arrivata dal nulla.

Il Maestro.

— Oss, Maestro! — salutiamo all'unisono.

È il nostro maestro di karatè e di vita. L'ho conosciuto dodici anni fa, quando entrai tremante in una palestra che offriva corsi di ginnastica dolce, programmi di riabilitazione e karatè. Tutto era immerso nella quiete. Risuonavano solo le tecniche e i comandi che il Maestro chiamava con autorevolezza. Ricordo come fosse ieri. Seduto davanti a lui, in posizione *seiza*, c'era Auro. Sono sicuro che non mi avesse visto, eppure giorni dopo, alla mia prima lezione, sapeva quasi tutto di me.

— Ossia, Auro, lo stai mettendo nel culo a questi due, con tua carriera universitaria. Però sei teso come le corde di mille violini — ammonisce.

— Tu, Gilles — continua indicandomi — devi esprimere maggiore allegria, e tieni spalle più sciolte. Tue spalle troppo dure allontanano donne. —

— Pietro... Ossia, Pietro bene, ma non mon-tar-ti-la-te-sta — conclude sillabando.

Il Maestro omette gli articoli e le preposizioni, "per non morire su parole prima ancora di avere espresso significato di frase".

— M-Maestro, c-come sta? N-non l'abbiamo vista arrivare. —

— Ossia, Maestro compare e scompare, come porta d'Oriente in mezzo al mare. —

Restiamo in silenzio. Noto le ragazze del tavolo accanto subire il suo fascino. Un uomo senza tempo, eternamente giovane. Muscolosissimo e sempre elegante, ha le movenze di una pantera. I capelli neri, gli occhi scuri e gli zigomi alti, con *un che* di orientale, riscuotono sempre un notevole successo tra le donne.

"Il tempo è un'entità che ci costringe a scelte insane. Meglio non ascoltarlo", dice spesso.

— Maestro, quando iniziano le lezioni? —

Mi guarda e sorride.

— Ossia, domanda intelligente. Risposta è: sono già iniziate. —

Avverto un sibilo improvviso. Cerco di parare il calcio circolare, ma sono del tutto fuori tempo. È lui stesso a fermare la tecnica a un millimetro dal mio volto. Nello stesso istante, colpisce Auro e Pietro, che si accasciano sorpresi.

— Ossia, questo per non aver posto domanda come Gilles — precisa.

Le ragazze applaudono. Pietro non la prende bene. Auro si rialza. Vedo le sue scarpe rotte. Il Maestro se ne accorge.

— Auro, COSA FA con scarpe tagliate? —
— N-niente M-Maestro, devo portarle d-dal calzolaio. —
— Ossia meglio portare subito: donne guardano scarpe, come radice di albero. —

Giorno 2
Le apparenze ingannano

Ho appuntamento con Auro al *Balabiott*, il nostro luogo di ritrovo. Un bar tabacchi a prima vista senza pretese, ma che serve un gran caffè. Il proprietario, un milanese DOC di mezza età apparentemente sbrigativo e rozzo, è un collega del Maestro.

Ermanno Prezzoleni in realtà si occupa di arte moderna, e gestisce il locale per sfizio. Di statura medio-bassa, il ventre prominente ne domina la *silhouette*. Spalle poderose raccolgono le braccia fortissime, volutamente visibili dalle maniche di camicia sempre sollevate al gomito. Vedo di sfuggita i tatuaggi che Prezzoleni esibisce sugli avambracci. I baffi sono ingialliti dalle migliaia di sigarette fumate durante i sei anni in cui ha servito nella Legione Straniera. Incorniciano un volto squadrato, apparentemente severo, in realtà di aspetto nobile.

La prima volta in cui lo incontrammo, durante un allenamento tra lui e il Maestro, Auro lo dipinse come uno con la fronte bassa, con il cervello inesistente. Una "testa con la cima piatta", letteralmente, alludendo a qualcuno che non ha mai visto un libro in vita sua. *Ça va sans dire*, Prezzoleni è un uomo dal fine intelletto, e Auro ha un gusto tutto personale nell'essere tremendo.

Non capita spesso di sentire Prezzoleni parlare in italiano.

— Bundì, cume la va? — esordisce rauco — el so amis l'è de là ne la salètta. —

Indica alla mia sinistra, con un gesto pomposo. Auro ha preso posto, da solo, a un tavolo da otto. Tamburella con le dita. È nervoso. Estremamente. Muove il corpo segaligno seguendo un ritmo convulso. Una gamba, tesissima, sta facendo traballare il tavolo.

— T-tutte p-puttane. T-tutte p-puttane — borbotta, ignaro della mia presenza.

— COSA DICE! — imito il Maestro quando grida parlando in terza persona. Auro scatta come una molla, trasalendo.

— M-mi hai f-fatto quasi c-cagare addosso. —
— Ma parli da solo? Cosa stavi dicendo? —
— S-sono t-tutte troie. M-ma s-so io cosa f-fare. —

Lo fisso, incapace di assegnare un qualche significato alla sua risposta.

— Hai preso un due di picche? Rilassati, Pietro sta organizzando una serata. Ha invitato le sue amiche. —
— N-non mi v-voglionooo. —

Il tavolo oscilla come ci fosse un terremoto. Attacca pure a battere violentemente i palmi delle mani sulle ginocchia. Evito accuratamente di commentare o intervenire: tentare di bloccare la sua convulsione lo farebbe peggiorare.

"Non bisogna cambiare corso di fiume in maniera insensata", dice spesso il Maestro.

— Non preoccuparti — tergiverso.
— Eh? M-ma allora n-non mi ascolti. N-non hai c-capito un cazzo. T-ti dico che s-sono loro che non m-mi voglionooo. —

Le sue scarpe. Manca un'intera porzione di suola, ma fingo di non notarlo. Cerco invano di individuare soluzioni alla sua ansia. "Quando fantasia sembra non aiutarci proviamo con antiche idee", dice spesso il Maestro.

— Ti porto a puttane. —
— BELLA IDEA, eccovi due corretti — Prezzoleni sbuca all'improvviso.
— N-noi n-non abbiamo ordinato n-niente. —
— Senti, gras de rost vestí de la festa, se vuoi restare nel locale devi uniformarti alle usanze del proprietario, se no a ghé el *kümité* — e batte forte un piede.

Auro si tende all'inverosimile. Mi godo la scena.

— C-cosa c'è, v-vuole sfidarmi? —
— State calmi — intervengo d'ufficio.

Prezzoleni mi fa l'occhiolino, sorridendo benevolo.

— Era uno scherzo, solo uno scherzo. Le tazzine sono vuote. —

Ci guarda allegro e svanisce dietro al bancone, sussurrando un *andé a da' via el cü*.

Giorno 3
La laurea dei cazzi miei

Auro mi aspetta a Lanza. Lo vedo al di là dei tornelli del metrò, elegante, con una camicia bianca e jeans griffati. Si sta laureando in Legge. A pieni voti, sicuro. Ha un'intelligenza sopraffina, e la sua impeccabile memoria è nota. I risultati che sta ottenendo gli hanno già procurato proposte di tirocinio, da uno studio legale con un notevole *pedigree*. Auro non ama pavoneggiarsi, e per qualche ragione che ignoro parla pochissimo dei propri successi. Le rare volte che lo fa, si schermisce.

— Ehi, come va? —
— U-un v-vero schifo. —

Ha un tono lugubre.

— Ti va un caffè shakerato? —

Annuisce. Ci spostiamo al *Fashion Cafè* di via San Marco, un bar di fighetti. Cosa piuttosto normale se, come Auro, vivi in Brera.
"Milano da bere *stucazzu*", dice spesso il Maestro.

— Allora? — riprendo, mentre ci viene assegnato un tavolo minuscolo.

— Te l'ho d-detto. V-va di merda. Hai p-presente la s-situazione a casa? P-Padre invalido, m-madre assente, eccetera. N-Non d-devo continuare, v-vero? —

Ordino due mojito. Prendere il caffè shakerato a quell'ora sarebbe da sfigati, ci guarderebbero tutti dandosi di gomito. Solo adesso noto qualcosa di indefinibile nella sua acconciatura.

— Sembri diverso. Cosa hai fatto ai capelli? —
— Ho d-deciso di non l-lavarli più. —
— Eh? — aggrotto la fronte.
— N-Non ho nulla d-da perdere. —
— In che senso? Non ti importa degli altri? —
— M-me ne frego. E non v-voglio c-cambiarmi più le m-mutande. —
— Ti rendi conto che tutto questo tende a diminuire le possibilità di entrare in relazione con le persone, specialmente le donne? —
— MA CHE MUOIANO NELLA MIA PUZZA! — urla, tirando una manata sul tavolo.

I baristi ci osservano. Resto interdetto, anche se sono più stupito dall'assenza di balbuzie. Un tavolo non lontano, carico di ragazze decisamente attraenti, si concentra su di noi. Dire che sono imbarazzato è poco. Improvviso.

— Ma sì, FESTEGGIAMO LA TUA LAUREA — alzo la voce, incerto.

"Quando cose si mettono male, fingersi pazzi rappresenta via d'uscita", dice spesso il Maestro.
L'intero locale sembra distratto da questa nostra festa di laurea inventata. Ci approccia una delle vicine

di tavolo, tale *Debra*, domandando in un italiano ingle-
sizzato di che laurea si tratti. Sto per inventare qualcosa, ma Auro mi precede.

— È l-la laurea D-DEI CAAAZZI MIEI — strepita,
afferrandosi ciocche di capelli.
— Li vedi? Li vedi? Q-questi non li l-lavo più. —

Vorrei sparire. Fingere di correre al cesso sarebbe
fuori tempo massimo. Un barista si avvicina torvo. Ha
una specie di mazza da cricket. Afferro Auro per le
spalle, cerco di trascinarlo fuori.

— Piantala di disturbare, cretino — sbraita il barista, roteando la mazza.

"Chi risponde a offesa in maniera sproporzionata
va fermato con rapidità ed eleganza", dice spesso il
Maestro. Lo colpisco d'incontro, cogliendolo di sorpresa. Cade all'indietro, tirandosi dietro l'arma improvvisata.

— S-STRIKE! — grida Auro, ravviandosi i capelli
mentre ci dileguiamo.

Giorno 4
Un genio del cazzo

Ho appuntamento con Pietro alla *Cima di rapa*, la trattoria di fronte a casa sua, zona Moscova. Lo incontro all'ingresso.

— Sono preoccupato per Auro — esordisco.

— Perché? Macina l'università alla grande, tra poco si laurea, ha già un'offerta di lavoro. Cosa vuole di più? —

— Ieri ha scatenato una rissa al *Fashion*. —

Pietro mi fissa, attonito.

— Da che mi ricordo, Auro seda le risse. Ricordi i tizi del parcheggio, quando ha evitato che si massacrassero? —

Torno indietro con la memoria. Praticavamo karatè da quasi sette anni, Auro era una giovane matricola alla Facoltà di Giurisprudenza. Dalle parti di Piazza Oberdan, due energumeni discutevano per un parcheggio. Stavano per arrivare alle mani quando Auro si mise in mezzo, eseguendo una spettacolare spaccata in volo e fissandoli in silenzio.

— Ti ricordi la spaccata in volo? —

— Come dimenticarla? I due si calmarono all'istante, probabilmente terrorizzati. —

Entriamo in trattoria. Tutti conoscono Pietro, Pietro *il bello*. La cameriera, che è una delle figlie del gestore, è innamorata di lui. Gli tiene sempre il tavolo migliore.

— Pieeetro, vieni, venite, benvenuti — quasi ulula, accompagnandoci a un tavolo appartato.

— Grazie Emma — ammicca Pietro.

— Quando mi sposi? — chiede, allegra.

Auro non ha torto. In fondo, sono tutte per lui.

— Ieri mi ha confidato che la situazione in famiglia è disastrosa — riprendo.

— Ah questo lo so, la madre sempre all'estero, che quando c'è lo ignora. Dev'essere *anaffettiva*. Credo che buona parte della sua acredine verso le donne nasca da quello. Il padre si muove con il bastone. La spesa, le pulizie… Di fatto, è Auro a occuparsi di tutto. —

— Posso intuire il suo nervosismo. —

— Poi con il suo carattere… Come dire? Ombroso? Diciamo non espansivo. Quello che vive in casa deve averlo peggiorato. —

Emma ci porta il piatto della casa. Orecchiette, naturalmente. Sorride sempre. Una meraviglia.

— Ecco, uno per il principe, uno per il suo secondo — e mi fa l'occhiolino. "Talora, quando donna si trova nell'impossibilità di avere uomo straordinario, si accontenta di uomo ordinario. Ossia, in quei casi non lamentatevi e fatevi sotto. Domani è un altro giorno", dice spesso il Maestro.

— Ti ricordi quando Auro entrò a casa tua e azzeccò il numero dei libri sugli scaffali? — mi scuoto dal torpore.
— Perché non sai della volta con il fruttivendolo al mercato di Papiniano. Guardò un attimo la frutta, sparando la cifra di ciliegie presenti in un cestino. Senza aprirlo. —

Ho come un'illuminazione.

— Cazzo, sarà mica autistico? — Pietro ride, quasi senza farmi finire la domanda.

— Ma va, è un genio del cazzo, Auro. —

Giorno 5
Dobbiamo liberarci della nostra merda

Sto reggendo il colpitore, una specie di scudo in poliuretano. Il Maestro esegue un calcio circolare elegantissimo. Per quanto sia leggero come un felino, l'impatto è esplosivo. Finisco a terra.

— Ossia, colpitore va tenuto con tutta la forza, indurendo nel momento di impatto. Però, se forza di colpo soverchiante, meglio fare come acqua, che cade a terra. Eh, bene. Oss, sabato. Lezione finita. —

Auro mi affianca, agitato.

— Hai r-raccontato al M-Maestro del bar? —
— No, ma deve averlo saputo. Il colpo che mi ha rifilato sapeva di punizione. —
— Ma infatti. S-Sembra che n-non gli sfugga mai n-niente. —
— CHI DETTO capelli unti? — ci piomba addosso il Maestro, che tende ad accentuare le parole importanti con il volume della voce. Un silenzio tombale avvolge gli spogliatoi.

— M-Maestro, n-non avevo più shampoo — ribatte Auro, a bassa voce.

— Ossia, questa è scusa più LOFFIA che abbia mai sentito. —

Mi colpisce con una tecnica frustata, usando le dita a becco d'aquila. Un dolore acuto si espande tra il collo e la spalla destra. Auro balza indietro spaventato.

— Ossia, responsabilità di chi non lava è di compagni di palestra. —

In una frazione di secondo colpisce anche Pietro, che si inginocchia con un lamento soffocato.

— Voglio capelli REGOLARIZZATI per prossima lezione. —

Scorgo un ghigno nella sua espressione, come un lampo di ironia. Auro va a farsi la doccia, o almeno così dice. Il Maestro, con un gesto improvviso, lancia l'asciugamano sulla panca.

— Cos'è, mutande di Auro? Avete visto SCHIFO? — Io e Pietro restiamo interdetti.
— Ossia, hanno banda nera di merda dietro, e striscia gialla davanti, come pista. Ho nascosto con asciugamani. MA BUTTATELE VIA! Tu e Pietro avete compito di acquisto di set giusto di mutande per Auro. Ma cazzo, è una *mmèrda*. —
— Oss Maestro. Andiamo e compriamo — interviene Pietro.
— Eh. Bene. Fate presto. Non lasciategli quello schifo. —

Schizziamo fuori dalla palestra, ancora sudati. C'è una Upim che fa al caso nostro, dopo il semaforo. Inizialmente pensiamo a un set da tre, poi saliamo a cinque. Ci ritroviamo alla cassa con un completo da sette. Uno slip per ogni giorno della settimana.

Rientriamo trafelati. Auro cammina avanti e indietro nello spogliatoio tipo leone in gabbia, come se cercasse qualcosa.

— Che succede? —
— E-e-e non r-riesco a trovare le mutande — sibila, quasi nel panico.
— Ossia, tu quel pezzo di stoffa lercio e pieno di *mmèrda* lo chiami mutande? — irrompe il Maestro, indicando un fagotto nella spazzatura.
— M-Maestro, è tutto quello c-che ho. —
— Dobbiamo liberarci della nostra merda. Meglio senza. Ma voi due, non avete qualcosa per lui? —

Rapido, Pietro estrae dal sacchetto gli slip e li porge ad Auro.

— G-grazie. —
— Bene. Vedo che pacchetto è da sette. Ossia, sette porta bene, giocare su Milano e nazionale per recupero spese — taglia corto il Maestro.

Giorno 6
Passo dell'oca

È una gran giornata, aria fresca e finalmente i vestiti che non si attaccano alla pelle. Mi cade lo sguardo sui capelli di Auro. Sono appiccicati al cranio, quasi fosse un *toupet*. Provo a convincermi che si tratti di una trovata teatrale, ma sono proprio i suoi capelli. Avverto odore di olive e margarina.

— Non hai lavato i capelli? —
— Non li lavooo! —

Passeggiamo in Corso Garibaldi con passo felpato e bene ancorato al terreno, perché "uomo giusto deve muoversi traendo energia da terra e trasmettere senso di stabilità e sicurezza", dice spesso il Maestro.
Ci godiamo lo spettacolo di minigonne e calze a rete che imperversano in zona Brera. Il viavai è intenso. Auro batte rumorosamente i piedi, quasi volesse imitare una marcia militare.

— Cosa ti agiti? — sbotta Pietro.
— AVANTI, M-MARSCH! —

Un gruppo di persone si gira verso di noi.

— Calmati, cammina normale — intervengo.

— S-sì? Ecco, c-così? —

Alza le gambe talmente in alto da sembrare una gru impazzita. Poi si accuccia e fa partire una danza simile a quella dei soldati dell'Armata Rossa. Rallentiamo il passo. Lo lasciamo andare avanti.

— Devo fare un po' di spesa, passiamo un attimo dal GS — dice Pietro.

Auro si volta, facendo una spaccata in mezzo al marciapiede. Un anziano in sedia a rotelle quasi gli passa sopra. Riesce a fermarsi all'ultimo centimetro. Io e Pietro liberiamo il passaggio, sollevando di peso Auro.

— Sei un coglione — sbraita Pietro.

— S-sono c-contro il sistema —

— Macché sistema... Datti una calmata e accompagnaci al supermarket. —

Riprende una camminata normale mentre Pietro ci fa strada. Entriamo al GS.

— Ue', *bel fioeu*! — esclama un uomo di bassa statura, sulla sessantina, fermo accanto alla porta automatica.

Sul badge che porta al petto c'è scritto DIRETTORE DI FILIALE.

— Ciao, Aristide. Facciamo un giro veloce. —

— Sei sempre il benvenuto. —

Pietro ci fa strada verso il reparto dei liquori.

— Vengo qui da sempre, Aristide mi conosce da quando mia madre mi portava nel passeggino — mi confida.
— Signore? SIGNORE! Non accompagni la porta, è automatica, si chiude da sola! — esplode improvvisamente Aristide.

Ci voltiamo. Auro sta forzando la porta avanti e indietro come un ossesso.

— 'S-sta cazzo di p-porta è rigida, non si muove, non s-segue il mio movimento! —
— Signore! È AU-TO-MA-TI-CA! Rompe il meccanismo se continua! —

Auro strattona talmente la porta da bloccarla. Resta aperta a metà. Il braccio meccanico andato.

— Ha fatto un danno da cinque milioni, LEI È PAZ-ZO! — Aristide ha le mani tra i capelli.

— P-perché non fa m-mettere le porte di *Spazio 1999*, invece di q-questo schifo antiquato? —
— Il tuo amico... mi ha fatto un danno, cinque milioni costano quelle porte! —
— Aristide, mi spiace, sono mortificato. —
— M-ma piantala di f-fare l'ossequioso, s-sai bene che q-quelle porte sono obsolete. —

Io e Pietro ci guardiamo attoniti. La sua espressione è grave. Scattiamo verso Auro, che si volta e corre via come una gazzella.

— TESTA DI CAZZO! — Pietro perde *l'aplomb*.

Auro corre con un'andatura volutamente ridicola, a metà tra il passo dell'oca e Forrest Gump. Lo fa apposta per farci incazzare. Andiamo avanti così per un bel po', e ogni volta che sembra a portata di mano, qualcuno si mette in mezzo, impedendoci di raggiungerlo.

— E fermati, minchione! — Iniziamo ad averne abbastanza.

Auro fa il gesto dell'ombrello, senza rallentare. Schiva per miracolo una bancarella, facendo cadere una cassetta di arance.

— *Cagghiune*! Ca te corr'! —
— A c-culo! Metti un p-ponte levatoio! —

Si ferma e ci guarda. Ci sfida, gesticolando. Io e Pietro aiutiamo il fruttivendolo. Auro si mette a roteare il bacino come se avesse un *hula hoop* immaginario.

— Ca s'è 'mpazzit, chillo? —
— È pieno di barbiturici — improvviso.

Gli chiediamo quant'è, per risarcirlo.

— Chillo 'n dolore a 'o culo è. Annat' ad acchiapparl — risponde, con un sorriso paterno.

La corsa riprende. Scatto, dando fondo a tutte le mie energie. Pietro mi sostiene, a razzo. Auro inizia ad avere i primi segni di cedimento. La sua corsa è molto meno brillante. In Piazzale Cordusio si nasconde dietro a un'auto parcheggiata. Lo sorprendiamo, ma ci accasciamo accanto a lui. Abbiamo tutti il fiato estremamente corto.

— Coglione. Come inizio niente male — Auro non risponde, muove le dita come se stesse giocando a morra cinese in solitario.
— Come pensi di sistemare la faccenda della porta sfondata al GS? —
— Ma che d-domande f-fai? Quella gente è assicurata p-per questo genere di i-incidenti. —

La risposta di Auro fa scattare Pietro. Iniziano una lotta, che si interrompe dopo alcuni colpi andati a segno. Ansimano, senza guardarsi. Pietro si rialza, sistemandosi la maglietta nei jeans.

— Basta così. Qui abita la mia amica Nadia. Condivide l'appartamento con una sua compagna di università, altra gran bella ragazza. Vado a citofonare. Se abbiamo culo, escono con noi. —

Pietro si è rivolto solo a me, ma Auro è indifferente, in posizione robot in *standby*. Non credo che la strategia di isolarlo possa avere successo. Entriamo in via Meravigli. Davanti a un edificio di pregio, Pietro mi fa segno di attendere, e suona un campanello.

— Okay, scendono. Mi raccomando. NIENTE SCHERZI, è un'amica di famiglia — Pietro alza la voce guardando dietro di me.

Mi volto. Auro annuisce vistosamente con la testa, senza replicare. Il movimento esagerato libera un odore di olive rancide che penetra le mie narici con forza. Tossisco di istinto. Realizzo solo adesso come la corsa abbia peggiorato le cose. Il tanfo di sudore è distinguibile a distanza. Pietro comprende al volo la situazione, ma è tardi. Le due ragazze escono dal portone, sorridenti. Intuisco quale sia Nadia dalla confidenza affettuosa con cui Pietro la saluta per prima.

— Ciao! — salutano in coro, muovendosi verso me e Auro.

Stringo la mano a entrambe. Temendo il peggio, mi metto tra loro e Auro. Pietro mi imita, in modo da raggiungere un minimo cordone di sicurezza. Nadia dribbla le nostre difese, ci aggira ancheggiando. Entra nell'area critica.

— Ciao! Nadia. E questa è — si interrompe.

Assume un'espressione sorpresa, sgrana gli occhi, resta a bocca aperta. L'amica si avvicina a sua volta. Un colpo di tosse. Un altro. Una delle due dice qualcosa di poco elegante a Pietro. Le osservo mentre si dileguano sui loro tacchi alti. A vent'anni, la smania verso una qualsiasi attenzione femminile tende ad avere una certa priorità.

— SEI UNA MERDA! — attacca Pietro, con un giro di parole.

Scatta un secondo parapiglia. Auro sembra volerlo strangolare, ma Pietro è troppo forte e si divincola dalla stretta.

— Tu e la tua cazzo di testa pisciata. E VUOI ANCHE AVERE RAGIONE. —

Intervengo per separarli. La tensione è altissima.

— T-teste di cazzo, mi avete corso d-dietro per tre q-quartieri, non p-penso che voi s-sappiate di gelsomino. —

E ride.

Giorno 9
Getta lontano malessere!

Non vedo Auro da tre giorni, dalla serata finita male. Decidiamo di beccarci dalle mie parti, al bar Enza. Arrivo in anticipo, così inizio a passeggiare davanti al locale. Lo vedo arrivare, in lontananza. Nonostante ci siano trentasette gradi, indossa un gilet tattico sopra una maglia. Mentre ci stringiamo la mano vedo che i capelli sono ancora più schiacciati e rappresi.

— Puntualissimo. —
— C-come s-sempre. —
— Perché il gilet? —
— Eh, il m-metrò ha un'aria condizionata f-fortissima, c'è da ammalarsi — una zaffata di canapa fradicia mi travolge, sorprendendomi.

— Che odore di marcio è questo? —
— D-dev'essere il g-gilet, è rimasto n-nell'acqua e si è asciugato male. —
— I capelli? Ancora niente? —
— M-ma ancora? T-tanto puzza di p-più il gilet e n-ne sono fiero. —

Enza ci viene incontro. È una stanga mora decisamente attraente, ma con un accento inascoltabile.

— È bellissima... Una dea — sussurra Auro.

— Che ji è quest'odore? — esordisce nel suo dialetto.

— Ha pestato una merda poco fa — improvviso indicando Auro. "La volgarità talora ci mette al riparo abbagliando avversario", dice spesso il Maestro.

— See, vabbè che l'omo ha da puzza', però così me cacciate 'a ggente dar locale. Statevene fori, v'accomido un tavolo. —

Auro ride soddisfatto.

— Cazzo ridi? —
— Loro non m-me la danno, io c-continuo. —

Ci sediamo a un tavolo isolato. Enza ci osserva con aria impietosita, a debita distanza.

— VE PORTO DU' SHAKERATI DE LA CASA, VABBÈNE? — urla. Annuiamo.

Una volta seduti, il tanfo dei capelli sembra prevalere sul gilet. Noto croste sempre più diffuse. Ho un accenno di conato.

— Fai cagare. *Letteralmente*, cagare. —
— T-trovami una che m-me la d-dia. —

Enza arriva con un vassoio. Gesticola con le dita al naso per indicarmi silenziosamente la puzza, e ci consegna i caffè.

— Siamo diventati lo zimbello... E getta via 'sto cazzo di gilet. —

— Ah sì? Vuoi f-fare *kumite*? Eh? — sibila minaccioso. Si alza in piedi tirando indietro la sedia rumorosamente. L'arrivo di Enza lo placa all'istante.

— Che, ortre a fa' puzza devi pure crea' confusione? —

Squilla il mio cellulare. È il Maestro.

— Ossia, CAZZO FATE fuori da bar come spaventapasseri? — non provo neanche a replicare: è già qui.

— Bene, lei deve essere Enza. —
— So' io... So' allievi suoi, questi? —
— So' allievi miei — scherza il Maestro. Con un rapido calcio assesta la sedia di Auro.
— Ji e porto un caffè. —

Il Maestro compie un ampio gesto con le mani, un misterioso saluto orientale, come di ringraziamento.

— Ossia, Auro, stai inquinando atmosfera. Toglie gilet di cazzo. —
— M-Maestro, n-non posso! —
— COME NON PUÒ? Incollato gilet? Togliere subito quella *mmèrda*, puzza come arrosto pieno di vermi — conclude severo.

Auro si leva il gilet.

— Lontano! Getta, getta lontano malessere! —

Giorno 12
Testa non regolarizzata

Il Maestro esegue il *kata hangetsu* negli spogliatoi, perché "è necessario esprimere karatè in qualunque luogo, sia esso *dojo*, palestra qualsiasi, o anche cella", come dice spesso.

Oggi Auro ha la capigliatura ricoperta da una sostanza che mi ricorda la miscela dello scooter. Sembrerebbe anche curata, se osservata da una certa distanza. Il tanfo sconfessa immediatamente l'impressione.

"Apparenze ingannano. Non fatevi soggiogare da ciò che appare, verificate con tutti i sensi", dice spesso il Maestro.

— Testa *non regolarizzata* — osserva secco.

I nostri sguardi vanno in direzione di Auro.

— Eh. Slip nuovi. Vinto lotto con sette? —

— No, Maestro, il numero non è uscito. —

— Ossia, questa potrebbe essere spiegazione per capelli ancora *mmèrda*. Meglio non andare con te a giocare al casinò. LAVARE CAPELLI — conclude imperioso.

Usciamo dalla palestra. Il Maestro si offre di accompagnarmi a casa. Durante il tragitto ci fermiamo al *Balabiott*.

— Oggi Ermanno non c'è, presumibilmente per una ventiquattr'ore di gioco d'azzardo da qualche parte oltre confine — rivela il Maestro.

Ha lasciato la gestione del locale a Debora, una signora di mezza età prodiga di sorrisi e spacchi vertiginosi, che siede alla cassa ammiccante. Dietro al bancone c'è la sorella gemella Marianna, che sembra l'opposto, compìta e riservata.

— Situazione di Auro è come impazzita — mi confida mentre aspettiamo il cappuccino.
— Non riusciamo ad aiutarlo, ci ostacola. —
— Ossia, sembra che se aggiustiamo da una parte, peggiori dall'altra. Ma va bene così. —
— Maestro, in che senso va bene così? —
— Ossia, non spaventarti facendo faccia lunga, poco grintosa. Mi fai scappare cassiera giusta — ammicca verso Debora — Auro troverà sua strada, come rabdomante trova acqua. —
— Giorni fa ha urlato che vuole far morire le donne nella sua puzza. —
— MA NON MI DIRE. Che belle notizie mi dai. Ossia, non devi farti distrarre da apparenze. La vedi cassiera? Non è più giovanissima, ma de-vi-ve-de-re che corpo che ha. Bene. Ora tu devi andare. Io resto. Oss. —

Giorno 13
Nonchalance

— NO — mi blocca Pietro con un ampio giro di parole — non voglio che Auro esca con noi, se ci sono ragazze. —

Pomeriggio assolato e umido, in zona Navigli. Siamo in un locale noto per i concerti di musica jazz. Lo guardo gesticolare animatamente.

— Tieni conto in che stato è, diamogli un'altra occasione. —

— Nadia non mi rivolge la parola. Quando non ha il cellulare spento, fa scattare la segreteria. —

So che non ha torto.

— Forse dovremmo legarlo a una sedia — noto lo sguardo di Pietro accendersi.

— Mi piace. Continua. —

— Lo leghiamo a una sedia, e gli laviamo i capelli. —

— Lavarglieli? Fanno cagare, li tagliamo e basta. —

— Okay, usiamo un rasoio. —

La cameriera si presenta con i due mojito che abbiamo ordinato. È bella, la intratteniamo parlando di musica, dei concerti che si terranno a breve in città, quando una voce familiare interrompe bruscamente il tentativo.

— T-TANTO NON V-VE LA DAAA! —

Maya, l'affascinante esotica cameriera, assume un'espressione forse stupita, probabilmente spaventata. Si allontana, prudenzialmente. Auro ride. Con un volgare gesto, fa schioccare il palmo di una mano contro le dita dell'altra, piegate a pugno.

— In c-culo! — chiosa divertito.

Pietro si alza di botto, mi sforzo di trattenerlo. I clienti attorno ci guardano. Una ragazza ride sguaiatamente, mimando il gesto di Auro.

— Cazzo, anche questo locale è bruciato. Tra l'altro, se avessimo saputo che saresti arrivato, avremmo preso un tavolo fuori, minchione — Pietro è fuori di sè.

Taccio, sconsolato. Svogliatamente faccio cenno ad Auro di accomodarsi. "Dinanzi a imprevisto sgradevole, mantenere controllo e pacatezza", dice spesso il Maestro.
Pietro si gira dalla parte opposta, in aperta ostilità. Auro si siede a circa un metro da me. I capelli sembrano ricoperti di uno strato di olio industriale. Sono lucidi, e puzzano di una puzza intensa.
Per nostra fortuna i tavoli attorno sono ben distanziati. Fingo di avvicinarmi con una scusa, e scopro con orrore come le croste nere si siano ingrossate. Il cuoio capelluto ha squame bordeaux. Tossisco, cercando di ricacciare un urto di vomito. Mi soffermo sugli oc-

chiali. Un alone opaco disegna due mezzelune ben visibili sulle lenti.

— Puzzi. Te ne rendi conto? Poi, scusa, che cazzo hanno gli occhiali? —
— Ve l'ho già d-detto... Non li lavo. N-non lavo p-più niente. —
— Ma piantala, rincoglionito — sibila feroce Pietro, sferrando un calcio di karatè basso. Auro riesce a parare, ma l'impatto lo sposta assieme alla sedia. Nel casino ricompare Maya.

— Il vostro amico desidera ordinare? —

La sua espressione è vagamente disgustata. Stimo la distanza del suo naso dalla testa di Auro in un metro e mezzo. Dovesse avanzare di un passo, sarebbe la fine. Un tipo alto, in giacca e cravatta, le urla a distanza. Da come si muove con autorevolezza deve essere il proprietario del locale. Maya ha un'esitazione. Mi alzo rapidamente, andandole incontro. Sorride. Allunga un braccio, mi lascia la lista e si dilegua.

— Abbiamo evitato il peggio, ma il locale è sputtanato — sentenzia Pietro.
— M-ma n-non fatene una t-tragedia, è c-comunque un posto che serve p-piscio al posto della birra. —
— Mi hai fatto passare anche la voglia di bere. —

Auro raccoglie i palmi delle mani a megafono e rutta rumorosamente. Ride e rutta, a ciclo continuo. Pietro è furioso. Devo balzargli addosso per calmarlo.

— Andiamo via, cazzo. —
— Sì, vaffanculo Auro, resta pure qua. —

Corriamo verso l'uscita. Sento un improvviso casino di sedie spostate: Auro balza al nostro inseguimento. Abbiamo un certo vantaggio. Arrivati all'angolo di viale Gorizia, ci nascondiamo dietro una bancarella per tendergli un agguato. Lo sentiamo arrivare. Pietro mi stringe una mano sul polso come a tenermi sul chi va là. Lo scalpiccío scompare. Ci osserviamo in silenzio corrugando la fronte. Pietro mi fa un cenno con la testa, e inizia a muoversi leggero come un felino. Auro ci salta addosso con gli occhi fuori dalle orbite. Urliamo tutti e tre. L'improvvisa scarica di adrenalina non mi impedisce di percepire un curioso odore di senape rancida.

Lo blocchiamo con una doppia chiave articolare, col timore che possa *detonare*.

— V-vi ho f-fottuto! —
— Come ci hai beccati? — Pietro non fa il minimo sforzo per nascondere il suo disgusto.

— V-vi ho visti n-nel riflesso dei f-finestrini delle auto parcheggiate. —
— P-perché d-dormite — incalza strafottente.

Pietro ha un moto di stizza. Stringe la chiave articolare come un boa. Auro mugugna e si dimena.

— Okay, ora calmi. Ce ne andiamo tutti al *Balabiott* — intervengo di imperio.

Pietro mi guarda. Sembra valutare, annusare l'aria. Forse non il gesto più prudente in questo frangente. Tuttavia, annuisce. Liberiamo Auro dalla morsa. Per tutta risposta, scoreggia.

— CAZZO, MA È MAI POSSIBILE? —

— L-la vostra c-cazzo di chiave articolare m-mi ha provocato un certo m-movimento. —

— Guarda che per tanfare non hai bisogno di pretesti — Pietro arieggia vistosamente l'atmosfera con le mani.

Ci mettiamo in movimento tenendo un passo spedito, perché "quando si va con calma succede sempre qualche cazzata, meglio fingersi sempre di fretta", dice spesso il Maestro. La Talbot è parcheggiata dalle parti della pizzeria *Magolfa*. Guida Pietro. Risaliamo via Fusetti fino alla Ripa di Porta Ticinese. La guida flemmatica e la brezza tiepida che entra dal finestrino mi conciliano il sonno. Ho le palpebre pesanti e la netta sensazione di avere perso un pezzo, perché in qualche modo vedo che siamo in piazza 24 Maggio. La cosa successiva che percepisco è uno stridío di gomme. Mi sollevo all'istante, semi-incosciente e con un discreto dolore al collo. Scopro che Pietro ha tirato il freno a mano. Vedo la familiare insegna del *Balabiott*.

— C-come c-cazzo guidi p-pure te. —

— Ma stai zitto — chiude un irritatissimo Pietro. Immagino che durante la dormita mi sia davvero perso qualcosa.

Accanto alla vetrina, il Maestro e Prezzoleni ci fissano con espressione interrogativa. Il Maestro indossa una camicia *blue night* infilata in jeans color kaki a trama grossa, sostenuti da una robusta cintura in cuoio nero.

— Cazzo fate! Vi vedo un po' trafelati — esordisce. Noto anche scarpe da vela, leggere.

— Oss Maestro, esercizio di corsa — butto lí.

— Eh, bene. Completate esercizio con cinquanta flessioni. Su marciapiede. —

Pietro scuote la testa guardandomi. Auro sbuffa come un cavallo. Eseguo le flessioni con una discreta fatica, soprattutto per l'indolenzimento al collo. Quando mi rialzo vedo che Prezzoleni sta abbassando la saracinesca.

— Maestro, volevamo un aperitivo — riprendo incautamente.

— Stasera aperitivo stucazzu. Io ed Ermanno andiamo a mangiare alla pizzeria *Novecento*. Ossia, volete venire anche voi? —

— P-personalmente ho una c-certa voglia di una p-pizza. —

— Eh, bene. Auro viene con noi. Pietro, Gilles? —

— Oss Maestro, ci sono. —

— Ho un impegno attorno alle otto, magari un'altra volta — si giustifica Pietro.

— Bene, immagino con donna. Ossia, tempo passato con donna è sempre apprezzabile, ma cerca di condividere maggiormente tue *conoscenze* con Maestro. Ossia, anche Ermanno sarebbe lieto di avere compagnia — e gli dà di gomito.

— Ah, sì! Una bela tüsa l'è semper la benvenuda a ca' mia! —

Pietro sorride forzatamente.

— Bene, ma non perdiamoci in panegirici. Ossia, lancette corrono, pizze vengono sfornate. Pietro, Oss. —

— Oss! — Pietro si congeda. Lo vediamo allontanarsi con la sua andatura atletica.

— Bene! Non rimaniamo ipnotizzati a guardare Pietro. Procedere verso pizzeria *Novecento* con auto giusta. Prendiamo la mia. Ossia, Talbot abbassa livello. Meglio andare con mia auto di alto profilo. Ho parcheggiato qua dietro. Andare. —

Seguiamo il Maestro. L'auto è una Jaguar XJ6 bordeaux dei primi anni Settanta, con interni in pelle color panna.

— Prima è bene fare restyling di vestiario — il Maestro apre il bagagliaio, mostrando un ampio set di abiti che immagino essere piuttosto costosi. Vedo camicie, pantaloni, giacche, polo, maglioni, scarpe. Resto a bocca aperta.

— Ossia, esteriorità conta, sebbene si continui a negare. Occorre rivestirsi elegantemente prima di andare in locale di prestigio. Ermanno, con quei bermuda giallo canarino fai cagare. Meglio indossare pantaloni *maròn* da anziano, che almeno ti conferiscono una certa sobrietà. —

— Ma con i bermuda mi sento a mio agio! —

— Ossia, non dormire su allori, togli quei cazzo di bermuda e metti pantaloni *maròn*. Bene camicia a fiori che hai su, e scarpe tipo espadrillas anche. Ossia, sembri *narcos* pieno di soldi, donne apprezzeranno. Però bermuda abbassano credibilità. Gilles, Auro, fate da paravento per Ermanno, che si deve cambiare. —

Ci disponiamo a scudo accanto a Ermanno, che si cambia con stupefacente rapidità.

— Bene, Ermanno a posto. Ora vediamo. Gilles e Auro, in generale accettabili, ma serve giacca leggera in lino con *strass*, per aumentare enfasi generale. Ne ho giusto due della vostra taglia. —

— M-Maestro, m-ma —

— Ossia NIENTE MA, o spacco gamba da dietro, senza dire prima. METTERE GIACCA. —

Obbediamo, senza perdere tempo.

— Bene. Cazzo, Auro, devi mettere cappello per nascondere merda in testa — e gli schiaccia sulla testa un *Panama* color vaniglia. Auro inizia a tremare.

— M-Maestro... —

— Ossia Auro, relax! Dopo porterai in tintoria per togliere batteri, prima di restituire a Maestro. —

— Oss! —

Il Maestro estrae dal bagagliaio uno specchio di ragguardevoli dimensioni.

— Ossia, guardate CHE FIGURINI che siete. —

Sembriamo due faccendieri. Non avremmo sfigurato nelle foto segnaletiche assieme a Sindona. Il Maestro richiude il bagagliaio con un colpo secco.

— Bene. Ossia, Gilles si siede davanti con me. Auro dietro, con Ermanno. Auro, metti cellophane su sedile, per non sporcare — ride.

— M-Maestro, sono a p-posto — protesta.

— *A posto* è una parola grossa! — interviene Prezzoleni mettendosi una mano sul viso.

Partiamo. Il Maestro guida con abilità, muovendo le mani sul volante come un prestigiatore. Dosa opportunamente l'acceleratore con la frizione in un gioco armonioso, con rapide cambiate. Gli faccio i complimenti per la guida.

— Ossia, guida e vita vanno gestite con giusti cambi di marcia e sgasate corrette: insipienza porta a manovre sbagliate e testacoda. —

— Oss Maestro. —

— Bene. Oss. Vedi quella, CHE FIGA? — indica una ragazza dai capelli molto lunghi, ancheggiare sui tacchi alti. Suona il clacson. La ragazza si gira. A un cenno con la mano del Maestro, ricambia. Ci segue con lo sguardo.

— Maestro, la conosce? —

— Mai vista prima. PERÒ — abbandona il volante per fare rapidi cerchi con le dita — ha percepito movenza erotica di auto, con guidatore giusto che fa rombare motore. Mi segui? —

— Oss, la seguo. —

— Ossia, uomo giusto tratta in maniera armoniosa tutto, nella vita. Se avessi guidato come cialtrone, con strappi insulsi, avrebbe tirato calcio con figa ad auto. E conseguentemente a noi. —

— Chi dedré el tó allief el spüsa cume 'na latrina — interrompe Prezzoleni.

— M-ma c-come si permette? — Auro smanaccia come un bambino contro Prezzoleni. Parapiglia. Ermanno blocca Auro utilizzando buona parte del suo peso. In pratica gli si siede sopra.

— S-soffoco, p-perlamadonna — geme Auro, battendo la mano sul sedile come per arrendersi su un ipotetico tatami.

— Ehi, giùin! Ti te vurevet fa el fürb cun mi, làves! —

— Ossia, calmate animi. Ermanno non ha torto. Auro, sei speziato come un curry vivente. Bene, *kumite* finito. Allentare prese. —

— Oss! —
— O-oss! —

Il Maestro trova un incredibile posto libero, di fronte alla pizzeria. Mi dà di gomito mentre parcheggia.

— Ossia, visto pregi di armonia? — osserva soddisfatto. Annuisco in silenzio.

Entra per primo, facendoci strada. L'ingresso tronfio precede una sala pretenziosa, arredata in stile nuovo impero. Luci basse e una musica soffusa anni venti fanno da sfondo a un composto brusìo.

— Ossia, non spaventatevi. Arredamento sembra da Quirinale, ma giacche con strass sostengono livello — precisa.
— Oss Maestro — dico a bassa voce.
— Bene, oss. —

Il *maître* ci viene incontro.

— Signori? Avete prenotato? —
— No, ma siamo amici di Pickwick — improvvisa il Maestro. Auro aggrotta la fronte.
— Il signore intende lo scrittore costantemente ebbro? Ho giusto disponibile un tavolo da quattro. —
— Bravo, sei un ragazzo intelligente, Pickwick l'è quel del *Trottoir* — interviene Ermanno.
— Ossia, quando Maestro contratta, è consigliabile non sovrapporsi — lo ammonisce pizzicandogli il ventre.
— Oss! Era solo un gesto di cortesia. —
— Oss, non disperdiamoci in commenti. Prendere posto. Auro di fianco a Gilles, Ermanno qui con me. —

Nel sedermi, percepisco distintamente il tanfo di Auro. Aumenta di ora in ora. Il cameriere ci porge le liste. Il tavolo accanto al nostro è popolato dalla cosiddetta *Milano bene*. Le signore ingioiellate indossano eleganti abiti da sera. Ci osservano con curiosità mista a sospetto.

— Ossia Auro, come dicevo prima, sei un curry vivente. —

— M-Maestro, io... —

— Nooo, non abbatterti. È un bene, ossia, crei scompiglio in certezze di queste matrone borghesi benpensanti, che sognano Antibes, mentre gestiscono con sufficienza uccellino di consorte dotato di posizione sociale. —

Auro ordina una marinara. Scelta che, per via della massiccia presenza di aglio, lascia perplessi sia il Maestro sia me. Il resto del tavolo si assesta su tre capricciose. Bere: Prezzoleni si distingue nettamente, con il prestigioso ordine di *due* stivali di birra da un litro ciascuno. Dopo un tempo che sembra interminabile, arriva tutto assieme, pizze e bevande.

— Inscì la va minga ben! — Prezzoleni apostrofa il cameriere.

— Signore? —

— Te me fa' aspeta' un'eternità. Chi l'è minga el bar, l'è minga l'usteria. TE DEVET VESS RAPID! — batte il piede fortissimo.

— Mi dispiace signore, il personale è ridotto. —

— Ossia, va tutto bene — interviene il Maestro, colpendo Prezzoleni su un fianco.

Il cameriere finge di non vedere, congedandosi con un battito di tacchi. Auro fa versi strani mentre ingurgita un boccone dietro l'altro, neanche fossimo da *Spontini*. Le signore del tavolo accanto si danno di gomito, ridendo.

— Ossia, Auro. Se devi soffiare come mantice mentre mangi almeno enfatizza rumore, esaltalo come fosse apprezzamento ancestrale di cibo, come capo tribale. Donne amano situazione selvaggia. —

Il Maestro dà seguito al discorso bevendo rumorosamente. Le signore ci osservano con interesse.

— Ossia, vedete? Abbiamo riscosso interesse presso signore — ci sussurra.
— M-Maestro, n-non capisco. —
— Ossia, non c'è molto da capire. Essenziale è evitare indifferenza, suscitare emozioni, che siano di schifo o di piacere, e poi —
— Ma... MA! SALATISSIMA! QUESTA PIZZA È SALATISSIMA! — interrompe Ermanno come un indemoniato, battendo forte i pugni sul tavolo. Si alza in piedi, paonazzo e fuori di sè.

Il brusìo scompare. Tutti gli sguardi dei presenti ci sono addosso.

— Ossia, ma CAZZO FA, Ermanno. Interrotto poesia. —
— M-Maestro, in effetti è molto s-salata la pizza — rincara Auro.
— Ossia, sai di merda, ma noti il salato — osserva un filosofico Maestro, colpendo nello stesso momento Prezzoleni su una gamba e mettendolo a sedere.

Accorre il *maître*, pallido. Il ventre di Prezzoleni spinge contro il tavolo.

— Scusate, scusate, il pizzaiolo deve avere commesso un errore nei dosaggi, vi riporto le pizze, queste le ritiro io — sussurra ossequioso e prono.

— Bravo ragazzo, è tutto a posto — lo tranquillizza il Maestro, fissando severamente prima Ermanno poi Auro, entrambi immobili.

Il brusìo di sottofondo riprende.

— Ossia, abbiamo destabilizzato atmosfera di borghesi benpensanti — osserva il Maestro.
— M-maestro, in che senso d-destabilizzato? —
— Bene Auro, vedo che merda non ti ha ancora ottenebrato cervello. Ossia, usciti da *cliché* pseudo-elegante, abbiamo utilizzato urla e pugni su tavolo, continuato con negoziazione elegante con *maître* e quindi suscitato interesse in borghesi annoiate di tavolo accanto. Sono abituate a tran-tran simile a rumore di macchina da cucire. Ora stanno immaginando di essere invitate su panfilo di Ermanno per crociera su coste sudamericane. Ossia, Ermanno, alzati e brinda al tuo panfilo. Improvvisa, aumenta scompiglio. —

Prezzoleni si alza di botto, facendo cadere un paio di posate. Di nuovo, tutti ci fissano. Il *maître* ci controlla con preoccupazione.

— FESTÙMAS! Al mio nuovo panfilo! *Hasta la vista, chicas*! — alza il bicchiere, indicando le signore accanto.

Indossano abiti neri con paillettes e strass. Ho la netta sensazione che tra lo sfarzo di gioielli e collane ci sia anche parecchia bigiotteria, ma tengo per me l'impressione. Gli uomini a cui si accompagnano, dall'aspetto vagamente impagliato, mi ricordano i manichini esposti nelle vetrine di via Palestro.

Arriva il nuovo giro di pizze. Stavolta sono perfette. Mangiamo con tranquillità, anche se Ermanno si sente in dovere di ordinare una terza birra.

— Bravo Ermanno. Ossia, con tua piazzata seguita da brindisi per panfilo hai spiazzato atmosfera generale e seconda pizza squisita. Oss! — riprende il Maestro.

— Oss! —

— Bene, Oss! —

— M-Maestro, p-prendiamo un d-dessert? —

— Ma che dessert! Ossia, è bene evitare crème caramel ballonzolanti e profiteroles che estinguono sex appeal. Pagare conto — lo vedo fare un cenno con il braccio.

— L'*addition* — dice, in un francese perfetto.

Il cameriere ci porta un piatto minuscolo con il foglio del conto, allontanandosi rapido.

— Ma cazzo, piattino abbassa livello di eleganza — sentenzia il Maestro. Lo osserviamo attenti.

— Ermanno, leggi cifra. —

Prezzoleni afferra il minuscolo piatto. Nel farlo, scopre il possente avambraccio tatuato. Vedo una tigre bianca.

— Chi a ghé un errur. —

— Ossia, non perderti in giri di boa inutili, dire cifra. —

— Ghé de pagàa trisent mila franc! —

— Cazzo dice, trecentomila lire? —

— Fuori il bere. Se no quatercent. —

Il Maestro batte due volte le mani. Il brusìo scompare. Ancora una volta l'intera sala ci guarda. Il *maître*
accorre.

— Ossia, riduci conto a duecentomila in tutto, bere compreso. —

— Signore, ma il suo amico ha preso tre stivali da
un litro. —

— Ossia, birra non è oro colato — estrae una penna
Spalding dalla tasca interna della giacca. Traccia delle
barre sul conto, e scrive "duecento".

— Conto cambia, come tutte le cose, nella vita. Di-
stribuisci eccesso di nostro conto su tavoli accanto.
Ossia, non se ne accorgerà nessuno. —

Prezzoleni spinge il tavolo con la pancia. Ci alziamo tutti.

— Va bene. È tutto a posto. Siete nostri ospiti. —

— L'avevo detto. Sei un bravo ragazzo. —

Giorno 19
Banda passante

Il Maestro ci mena senza lesinare, innervosito da due allieve che se la sono data a gambe a causa dello stato pietoso di Auro.

— Ossia puzza come foca putrefatta, me le ha fatte scappare — mi confida, dileguandosi.

Arranco verso gli spogliatoi, quando Pietro mi strattona.

— Hai visto Auro? — indica verso le docce.
— Cosa, ancora? —
— Fa finta di lavarsi. Bagna solo i piedi. —

Mi sporgo dall'ingresso. Appena fuori dal piatto della doccia, lo vedo mettere sotto il getto d'acqua prima un piede poi l'altro, quasi stesse palleggiando.

— Beh, mantiene la parola. La coerenza non gli manca, devi ammetterlo. —

Arriva il Maestro, con passo militare.

— Ossia, Auro. —

Cala il silenzio, all'istante.

— M-Maestro? —

— Cosa fa con tagli ai piedi? —

— Un f-fungo. D-devo d-disinfettare, usare il p-permanganato di potassio e l'euclorina. —

— Ossia, usare acqua e sale. Non scendere in dettagli. Mette ciabatte in cotone, come ballerino cinese, e lavare *gi*. Lavare capelli, lavare tutto in generale. Se non fa, CONSEGUENZE. —

Arrivano due rapidi colpi a me e Pietro. Siamo a terra. Il mio sguardo va alla panca dove sono appoggiati i vestiti di Auro. Gli slip sono talmente lordi che non si capisce il verso. Il Maestro li nota. Lo sguardo diventa di fuoco.

— CHI DETTO usare ancora slip con banda passante di merda e piscio? Pietro e Gilles non te ne hanno regalati di nuovi? BUTTA VIA slip merdati e pisciati. —

Auro li getta nel cesto della biancheria.

— Ossia, mettere schifo in sacchetto PRIMA DI GETTARE IN CESTO, come merda di cane. Pietro, FARE. —

Pietro esegue, annichilito. Lo guardo, ha la faccia purpurea, posso immaginare cosa gli stia passando per la mente.

Andiamo al *Balabiott* per il rituale dopo-lezione. Prezzoleni ci accoglie sorridente, ma è palesemente distratto da Lara, la studentessa che di tanto in tanto lo aiuta come cameriera.

— Ossia, Ermanno ha capito molte cose — il Maestro la indica.

Auro si siede accanto a me. I capelli di plastica. Ciocche lucide e rapprese ai lati delle tempie lo fanno somigliare a un *Big Jim* a grandezza naturale. L'odore di sudore è la prova che la doccia era una finzione. Il Maestro si tiene a distanza per non avvertire il tanfo, che oggi ha tonalità esotiche. Tipo mango andato a male.

— Capelli disastro — spezza il silenzio, con un tono piatto.

La gamba di Auro attacca a vibrare. Gli appoggio un gomito per bloccare il tremore. Stizzito, mi colpisce a un fianco. Sorseggiamo il cappuccino.
"Rito finale di elevazione spirituale e fisica", dice spesso il Maestro.

— Ossia, voglio vedere capelli lindi. Stanno iniziando a cadere, per grasso che soffoca cuoio capelluto. Evitare stempiature e tonsura da sebo. Pietro e Gilles saranno i curatori di tuo restauro. —

E fa l'occhiolino a Lara, che ricambia subito.

— Bene, devo andare. Anzi, andate voi. Io resto con ragazza. Ossia, fare come secondo *kata*: andare via. Oss! —

Aggiunge un gesto inequivocabile con le braccia, a indicarci l'uscita.

Giorno 22
Walker Texas Ranger

Torniamo da una serata in birreria. Guido tenendo eccezionalmente un'andatura da crociera. Pietro è accanto a me, Auro svaccato sui sedili posteriori. Viaggiamo con i finestrini aperti, perché emana un odore intensamente speziato.

— Ho i maroni pieni di questa puzza — sibila Pietro, sporgendosi dal finestrino in cerca di aria.

— N-non lamentarti tu, che s-sei PIENO DI F-FIGA — urla Auro.

Lo osservo dallo specchietto retrovisore. Sembra avere uno strato di grasso di balena in testa. I capelli come stucco. Per un attimo rimango a bocca aperta nel notare che il finestrino posteriore ha un'enorme chiazza di unto.

— Devi metterti una rete di nylon in testa, come i rapper, cazzo — suggerisco.

Auro attira l'attenzione con un tramestio improvviso. Rallento di istinto e lo guardo: si alza su un fianco e tira una fragorosa scoreggia, urlando contemporaneamente.

— Cristo, non tollero più — dice Pietro isterico, quasi in falsetto.

Un fetore tipo fognatura si aggiunge all'atmosfera già pesante. Accelero, ma faccio pochi metri che noto un movimento dallo specchietto esterno. Ci affianca un'auto della polizia. Gli agenti guardano dentro la nostra Talbot. Attaccano la sirena. Con la paletta ci "invitano" ad accostare.

Inchiodo. Due poliziotti scendono e ci raggiungono, mentre un terzo ci punta la mitraglietta a distanza.

— Perquisizione, prego — attacca il più alto, gentile ma circospetto.

Spero che Auro non faccia movimenti inconsulti, per non indurre in errore l'agente con la mitraglietta. Appoggiamo le mani al tetto dell'auto.
— Bene. Sembrate a posto. L'auto, prego. —

Apro il bagagliaio. Controllano tutto. Auro è agitato in maniera spasmodica. Ovviamente, l'attenzione si sposta su di lui.

— Tutto bene? Lei segue una qualche moda particolare? —
— C-che moda d-dovrei seguire? —
— Non faccia l'ingenuo. È in qualche movimento vegano, no global? Guarda *Walker Texas Ranger*? Le piacciono gli usi dei pellerossa? —

L'agente appare provato dal tanfo di Auro. Sto immaginando di chiedergli di ammanettarlo, per poterlo lavare con un idrante. Vuole perquisirlo ancora. Auro ci lascia a bocca aperta sciorinando con precisione scientifica una quantità di articoli di legge. Le parole escono precise, lineari. Assume un aspetto e un tono completamente differenti dal solito, direi imperiosi. Non mi sono mai abituato a questi cambi repentini. Anche il poliziotto resta ammirato, e si congratula.

— Una Talbot dello stesso colore ci era stata segnalata come rubata. Per questo vi abbiamo fermato. Ma siete bravi ragazzi. *Haloa* — conclude pacato. Rimango immobile a fissare l'auto azzurra allontanarsi senza sirene. Pietro è scosso, Auro contratto come se avesse appena sostenuto uno sforzo fisico.

— Siamo vicini al *Balabiott* — alludo, come a suggerire un modo per scaricare la tensione. Gli altri annuiscono in silenzio.

Prezzoleni sta lavando i pavimenti con movimenti imperiosi del corpo.

— Sempèr chi tra i ball, viàlter — per un attimo mi sembra che guardi dietro di noi, sorridendo. Lo salutiamo con un rapido cenno del capo perché "è bene far ricorso a velocità di movimenti, quando si intralcia lavoro altrui", come dice spesso il Maestro.
Auro mi passa di fianco, facendomi arrivare una zaffata acre di sudore.

— MA COSA FA. Almeno mette deodorante la sera! — il Maestro ci sorprende. È a due passi da noi, alle nostre spalle.
— M-Maestro, ho t-terminato il *roll on*. —
— Chi detto usare *roll on*? —
— M-Maestro è il d-deodorante più avanzato d-del momento. —

— Avevo già detto di usare acqua e sale per piedi e NON euclorina, ora vuoi farmi credere che questo cazzo di *roll on* sostituisca acqua associata a sapone giusto? —

— Oss M-Maestro. —

— Oss *stucazzu*. CAPITO NIENTE. Gilles, pulire pavimento con Ermanno. Auro lava ascelle con sapone rapido di toilette. —

— M-Maestro, ma n-non ho d-deodorante. —

— Ossia, eccezionalmente usa spray anti odore di cesso, *Gled*, spruzza in quantità. È ai frutti di bosco. —

Prezzoleni mi tira il mocio e in un istante mi si lancia addosso con un calcio *mae geri*. Afferro il mocio deviando il calcio in extremis, con fatica.

— Il tuo allievo se la cava bene! — urla rivolto al Maestro.

Non riesco a ottenere il potenziale complimento che Auro esce dalla toilette, a testa bassa, come i cuccioli di cane quando sanno di avere fatto una cazzata.

— Ma cos'è questa puzza di *mmèrda*?

— M-Maestro, ho d-dovuto espletare — risponde in legalese, con un filo di voce.

Il Maestro si precipita come un felino a chiudere la porta del bar, mettendo un cartello fatto a mano al volo. Mi pare abbia scritto *torno subito*. Ermanno non dice una parola.

— Ossia, fortuna che non è entrato nessuno. Puzza oscena! Ma cosa mi tocca fare con voi? —

— El voster Maester el gà resun! La merda la sa minga de rusètta. —

— Saggezza antica da vero milanese — precisa il Maestro.

— Vi va un poker? È quasi ora di chiusura — intervengo, non senza un velo di prudenza. Mi sento ancora scosso dall'imprevisto incontro con i poliziotti.

— Eh. Idea non male — approva il Maestro. Ermanno dà un'occhiata rapida all'orologio e annuisce.

— Tirem giò la cler. Apro solo se una puttana bussa alla saracinesca, se no a l'é festa — chiosa, aggiungendo ulteriore saggezza popolare.

Senza parlare, Ermanno e il Maestro si scambiano un'occhiata di intesa. Noto che la *cler* viene solo socchiusa. Non mi è chiaro se quel mezzo metro lasciato aperto serva per cambiare l'aria che arriva dal cesso, o come invito.

Il Maestro tira fuori un paio di occhiali scurissimi "tipo CIA", come dice spesso. Li indossa e mischia le carte. Osserva Auro per qualche secondo, per poi concentrarsi sul mazzo.

— Capelli sembrano cesto di vimini intrecciato con vermi — sentenzia servendo la prima mano.

Auro non replica. In compenso attacca a fare tremare il tavolo. Non troppo forte, ma con costanza. Il tanfo di pannolino usato, misto a *Gled*, contribuisce a disturbare ulteriormente la concentrazione.

— *All in* — dice il Maestro, con tono neutro.

Ovviamente non si riesce in alcun modo a capire la sua espressione. Auro lascia immediatamente. Ho una doppia coppia di donne e fanti. Esito sul da farsi. Da anni si dice che il Maestro non abbia mai perso a poker. Lascio. Pietro mi imita con un sospiro.

— No, no, mi lassi — chiude il giro Prezzoleni.

Il Maestro sorride, levandosi gli occhiali e scoprendo le carte. Sono insignificanti.

— Aaah! El voster Maester l'è okay! —
— Ossia, Gilles, fai come segretario. Raccogli soldi e metti in una busta a centro tavolo. Maestro vince ma non si occupa di cartamoneta. —

Qualcosa sembra squassare la saracinesca, presumo qualcuno che abbia bussato con violenza.

— E alüra, chi cassü a l'è! —
— Pietro, Gilles, disporsi accanto a Ermanno. Auro, con me — ordina il Maestro, avvicinandosi all'ingresso con movenze militari.
— Ho sete — si sente una voce soffocata da fuori.
— Senti, chi l'è minga la fiera de l'acqua! Va a bef a la funtanèla. —

Il Maestro bisbiglia a Ermanno qualcosa che non riesco a sentire ma che sembra avere effetto.

— Apro, apro — mugugna Prezzoleni.

Il meccanismo elettrico alza la saracinesca. Ermanno la ferma a tre quarti. Un tizio alto e calvo, con barba e baffi irregolari, si china per entrare.

— E datemi una cazzo di birra — esordisce con un

tono non proprio umile. Difficile dargli un'età. Potrebbe essere sui trenta, o cinquanta.

Indossa un maglione che sembra fare *pendant* con i capelli di Auro. I jeans grigi probabilmente in origine erano neri. Trascina il passo su scarpe da ginnastica che al confronto quelle degli alpini in Russia erano le ghette di Paperone.

— Senti, inscí la va minga ben. Qui dentro comando io — precisa netto Prezzoleni.
— Vorrei una birra, per favore — corregge, con un tono estremamente fasullo.
— Bene, tremila perché te se ti. —
— Ziocane, ma se la pago duemila dai cinesi — obietta arrogante.
— Senti, sconcio. Esci da locale ringraziando con inchino — si spazientisce il Maestro.
— Con i bambini in Africa a morire di fame, tenete prezzi da strozzini. —

Il barbone si lancia improvvisamente su Prezzoleni. Il Maestro lo anticipa, colpendolo d'incontro con *mae geri*. Rotola sul pavimento, goffo. Dalle tasche dei jeans stracciati escono una banconota da cinquanta e un orologio, che a una rapida occhiata sembra un Rolex.
Una puzza indegna invade il *Balabiott*. Di istinto guardo Auro, che è impassibile nell'osservare la scena. Non è lui. È lo sconcio a essersi cagato addosso.

"A volte chi sembra difendere il povero è un ganassa pieno di merda", dice spesso il Maestro.

Giorno 23
Neanderthal

Il Maestro ci ha chiamati per uno stage improvviso. I raggi del sole disegnano strane traiettorie sul parquet del *dojo*. Siamo seduti in cerchio attorno a lui, in posizione *seiza*. Ha deciso fin dall'inizio di tenere spalancata la porta, per contrastare l'odore di Auro.

— Occorre essere pronti. Se Maestro dice: *corri lì!* è bene fare, anche se bisogna attraversare fiume in piena o scalare montagna. —

Nel totale silenzio, lo stomaco di Auro emette un rantolo. Vedo per un attimo apparire e scomparire sul volto del Maestro una lieve smorfia.

— Quando Maestro parla, meglio *non abbassare livello.* —

Auro si dà due pugni sul ventre. I contraccolpi gli muovono i capelli in maniera curiosa, come se un cespo di fili di rame ricoperti di ruggine si districassero all'improvviso.
— Maestro, quindi se lei dice... — intervengo.
— Ossia, CHI DETTO DIRE. Non devi evaporare discorso. —

— Oss, Maestro. —

— Bene, *kumite* con me. Gilles, alzarsi. —

— Oss Maestro, arrivo. —

— Fare, non dire. —

Il Maestro gioca con me. Mi lascia tirare tecniche a vuoto. Non ha neppure bisogno di parare. È talmente rapido che potrebbe colpirmi prima di ogni mio tentativo, ma lascia spazio. Mi manca sempre qualcosa, è irraggiungibile. Provo un *mae geri* al massimo, seguito da un doppio pugno. Sento un sibilo e cado a terra. Il dolore è bruciante.

— Eh, bene! Spirito giusto! *Kumite* finito, Pietro aiutare Gilles ad alzarsi. Poche sceneggiate, ero al quindici, massimo venti per cento. Auro, *kumite* ti serva da monito. Lezione finita. Spogliatoi. —

— Che botta cazzo — confido a Pietro, che mi aiuta a raggiungere la panca.

— Continuerà così, se Auro non decide di darci un taglio con questa stronzata del tanfo. —

— Lui se ne fotte. E poi non è che... —

— COSA FA! Pulisce culo come bambino? — arriva di corsa il Maestro.

Ci voltiamo. Auro è in piedi a strofinarsi freneticamente a cavalcioni del suo asciugamano.

— M-Maestro, ma s-se n-non faccio così resto bagnato. —

— Ossia, questa cosa che dici io non la vedo. Meglio non regredire a Neanderthal. Usa asciugamano con una mano sola. Ossia tampona, come attore in camerino che regola cerone. —

— M-Maestro, c-così? —

— Eh, già meglio. Ossia, non devi scopare con asciugamano. —

Il Maestro ci invita tutti al *Balabiott*. "Quando c'è *stage* si genera energia con sforzo eccezionale che va ricompensato", dice spesso. Appena entrati, Prezzoleni mima un paio di tecniche urlando *kiai* rauchi e inquietanti. Il Maestro elude i colpi, afferrandolo per la pancia.

— Portaci quattro cappuccini, caldi senza esagerare... Ossia, non fare *scaldatona* latte con schiumona vuota sopra e latte rovente sotto, come cazzoni di bar di terz'ordine. —

— Oss, Maèster, te sé furtissim, sarà fatto immediatamente. —

Ci sediamo ai tavolini fuori. Il sorriso del Maestro assume un'aria di preoccupazione. Poi di orrore. Sta fissando il telefono di Auro, poggiato in mezzo al tavolo. La custodia di plastica trasparente, completamente lercia, lascia intravedere appena il logo *Ericsson*.

— Cos'è, custodia di cellulare? —

Auro attacca a tremare, ma non è nervosismo. Lo vedo *spaventato*.

— Ma quella custodia è una *mmèrda*! Portare discarica. Ossia, dobbiamo rinnovarci. Cambiare custodia immediatamente. —

— M-Maestro, la v-vuole sistemare? — suggerisce incautamente Auro.

— MA COSA SISTEMA. Non toccare custodia. Ossia, prende malattie con quella custodia. Cambiare. Pietro, Gilles, vi accompagno qui dietro da *Trony*, voi comprate. —

Ci alziamo di soprassalto e ci lanciamo, quasi correndo, verso il negozio.

— Ossia, parlo io — anticipa il Maestro, mentre ci districhiamo tra i reparti. Raggiunto il settore telefonia, una ragazza gentile ci accoglie.

— Buongiorno. Come posso aiutarvi? —
— Senti, vorrei una custodia elegante per questo vecchio cellulare... Il mio allievo lo ha trovato in soffitta — e indica me.

La commessa mi osserva, guarda l'atroce telefono e aggrotta le sopracciglia.

— Mi spiace. Quel modello non è... Beh, è vecchio. Non abbiamo più custodie di quel tipo. —
— E te pareva che quando si vuole aiutare Auro non è possibile farlo — dice a bassa voce voltandosi verso di noi.
— Signore? Posso fare altro per lei? —

Il Maestro si volta, poi ci guarda ancora, infine si rivolge a lei.

— Ossia, loro adesso vanno a seppellire custodia, io resto con te. —

Giorno 25
Qualcosa di meno efferato

Un odore nauseante infesta l'auto da mezz'ora, da quando sono passato a prenderlo. Preoccupato, temo di perdere lucidità, di andare a sbattere a causa del tanfo. Stamattina Pietro mi ha telefonato, fuori di sè dalla rabbia. Era con un'amica in Piazzale Loreto, quando incontra per caso Auro. Sotto il sole cocente l'amica ha scambiato per brillantina il luridume sulla sua testa. Lui, entusiasta, le ha offerto di toccarla. Solo un intervento di Pietro ha evitato il peggio.

E ora eccolo accanto a me: Auro con un inverosimile *step* di odore supplementare rispetto a ieri. Trattengo un urto di vomito.

— Devi lavarti i capelli. —
— Fanculo, li t-tengo così finché m-muoio. —

Guido con estrema difficoltà. Stiamo andando, appunto, a casa di Pietro. Avere il finestrino aperto mi dà il sollievo parziale di ossigenare il cervello e mantenermi lucido, ma non vedo l'ora di arrivare a destinazione. Mettere qualche metro tra me e il passeggero.

— Farai crepare la gente che ti sta accanto. Che cazzo ti è successo? —

— E-e-e devono m-morire tutte, T-TUTTE, quelle stronze che non me la danno, la maestra di aerobica... tutte. N-non mi lavo finché non c-cambia la m-musica. —

— Stai farneticando, di cosa parli? Sembri intriso di petrolio. Hai la testa coperta di lucido da scarpe. Vedo squame di forfora grandi come coriandoli. Ti rendi conto, cazzo? — Lui tace.

Arriviamo. Pietro ci aspetta sul marciapiedi. Mi alzo e lo faccio accomodare dietro.

— M-ma non d-dovevamo s-salire a c-casa tua? —

Pietro tira fuori un sacchetto giallo dell'Esselunga e lo mette in testa ad Auro, in preda a un raptus.

— LI LAVIAMO 'STI CAZZO DI CAPELLI? — urla inferocito.

La mossa sorprende anche me. Avrei pensato a qualcosa di meno efferato. Auro si dimena come un pesce colto nella rete, infine straccia il sacchetto urlando come un ossesso.

— VI DENUNCIO PER TENTATO OMICIDIO — e rotea la testa.

"Con Auro nessuno resiste", dice spesso il Maestro.

Giorno 26
Perseverare

Il Maestro sta meditando negli spogliatoi, in posizione *seiza*. Prima che possa aprire gli occhi, controllo assieme a Pietro che gli slip lasciati sulla panca da Auro siano puliti: è tutto okay. In compenso sono preoccupato dal resto. Il cazzone non ha messo le ciabatte di cotone. E naturalmente non ha lavato l'orrida testa. Mi ricorda un mappamondo spalmato con burro di arachidi. Il Maestro apre gli occhi.

— Ossia, Auro, slip bene — esordisce. Io e Pietro ci lanciamo un'occhiata soddisfatta.

— Però capelli luridi. Ossia, sei come cormorano arenato su spiaggia, avvelenato da catrame uscito da petroliera. MA CAZZO, dove sono ciabattine cotone? — rilancia, severo.

— M-maestro, non ho t-trovato le ciabattine del m-mio numero. —

— Ossia, affrettarsi! E disinfettare piedi. Hai tagli che si arrampicano su caviglie e polpacci, come edera. Hai fatto scappare donne da corso. —

Restiamo in silenzio. Dal tono del Maestro mi aspetto il peggio. Guardo di sfuggita Pietro, che in apparenza è impettito e distaccato.

— Ossia, Pietro e Gilles, cinquecento addominali. Auro conta. Fare. SUBITO — ordina.

Ci mettiamo a terra e attacchiamo. Auro tiene il conteggio, regolare, senza tentennamenti, come un metronomo. Arriviamo a cinquecento che mi sembra di avere le budella incendiate. Pietro è estremamente provato. Uso tutti gli insegnamenti ricevuti in dodici anni per contenere la fatica. "Quando si pensa di cedere per via di sforzo, andate con mente a immagini fresche come corso d'acqua e tutto passa", dice spesso il Maestro.

— Bene esercizio, rinnovo mandato come curatori del restauro — conclude il Maestro battendo le mani due volte.

Dopo la lezione, faccio una fatica bestiale a sorseggiare il cappuccino al *Balabiott*. Perfino reggere la tazza mi sembra un compito inaffrontabile. Prezzoleni sta giocando a freccette da solo, ridendo a intermittenza in modo rauco.

— Ossia, tu e Pietro dovete trovare chiave per regolarizzare lavaggio generale di Auro. —
— Maestro, ce la stiamo mettendo tutta. —
— Ossia, risultati di cazzo. Però — e compie un ampio cerchio con le mani — potrebbe essere anche peggio. Occorre perseverare. —

Sta fissando una signora, a occhio oltre i cinquanta. È avvolta da un abito che a me sembra un po' corto.

— Ossia, quella ha reggicalze, scommetti cappuccino? —

— Oss Maestro. Scommetto. —

Si alza per andare incontro alla signora. Siede su uno sgabello accanto al bancone. Le bisbiglia qualcosa nell'orecchio. Lei si sposta, e nel farlo fa svolazzare l'abito. I reggicalze fanno capolino. Il Maestro le sorride. Lo vedo prendere il cellulare e comporre un numero. Mi vibra la tasca. Con sforzo, estraggo il telefono. È lui.

— Quando si ha obiettivo, occorre andargli incontro. Ossia, andare incontro ad Auro con shampoo e ciabattine. Oss, ho da fare. Lezione finita. Sabato. —

Giorno 29
Niente da perdere

Un violento temporale estivo ha parzialmente allagato le vie del centro. Siamo in Corso di Porta Vittoria, all'altezza della Camera del Lavoro. Auro cammina nervosamente al mio fianco, intento a schivare enormi pozzanghere. L'odore che emana è indescrivibile. Respiro a intermittenza. I capelli hanno una tinta nera corvina, quasi a fare *mélange* con il sebo.

— Vedo che sei fedele alla linea. —
— N-non c-cominciare. —
— Se ti curassi di più... —

Un suv sbuca da dietro. Svolta a forte velocità, sbandando all'altezza del passaggio pedonale dove attendiamo il verde. Ci sfiora, investendo in pieno uno dei laghi di acqua piovana di fronte a noi. Auro è travolto da un'ondata grigio-marrone. Lo osservo come fosse un film al rallentatore: Auro con una postura e un'espressione surreali, l'acqua che scivola dai suoi capelli con rapidità impressionante, lasciandolo inzuppato dal collo in giù. Prevedo una reazione, rapida ed estremamente violenta. Tendo istintivamente muscoli e giunture, pronto a balzare in qualsiasi direzione Auro decida di *detonare*.

— F-FIGLIO DI T-TROIA, B-BASTARDO. Vieni qua, ah non vieni, hai paura, eh, M-MERDA? — urla, con una voce trasfigurata.

L'auto scompare, senza neppure accennare un rallentamento. Alcuni passanti si girano e attraversano la strada accelerando il passo, quasi correndo. Auro è feroce, incontenibile. In mezzo alla pozza sembra un moderno Caronte.

— Cazzo calmati, stai spaventando tutti. —
— Mi calmo cosa. COSA! Devono morire tutti, TUTTI, QUESTI STRONZI — dice senza incespicare nelle parole.

Cerco di parlargli con un tono di voce confidenziale, provo a farlo concentrare sul sistemare quel casino di acqua e fango, e riesco nell'intento. O almeno, mi pare. Riprendiamo a camminare.

— Ti va una pizza da *Spontini*? —

Auro annuisce, senza parlare. Ci infiliamo in metrò, direzione Lima. Copriamo l'intero tragitto senza dire una sillaba.
Spontini all'ora di pranzo è notoriamente una sorta di formicaio. Veniamo accolti da un cameriere sbrigativo e sudato, che ci indica un tavolo e svanisce nella bolgia. Sembra che nessuno si accorga dei capelli di Auro, dei vestiti bagnati, della puzza infame. "Talora ciò che è manifesto sfugge ai nostri sensi", dice spesso il Maestro. Ci sediamo.

— Si mangia bene qui — tento di ricreare una forma di conversazione di base.

— Ah, s-sì c-certo. P-però qui si m-mangia con la f-frusta. Ti f-fanno m-mangiare con la frusta, p-per la m-madonna — replica, tamburellando senza sosta sul tavolo.

Un rumore e un viavai di gente senza tregua fanno da corollario all'arrivo delle pizze. Il cameriere ce le butta sul tavolo e sparisce di nuovo.

— V-vedi? S-se non mangio in f-fretta mi tolgono la s-sedia da sotto al c-culo — sbotta Auro, ingurgitando frenetico, praticamente senza masticare.

Cerco di sbrigare a mia volta la faccenda senza obiettare o perdere tempo, per evitare di assistere a un altro litigio.

In venti minuti siamo fuori. I vicini di tavolo escono assieme a noi, e noto le smorfie di uno di loro mentre ci passa davanti. Si copre il viso con un fazzoletto.

"Stomaco pieno riaccende sensi, a volte olfatto", dice spesso il Maestro.

Auro non si cura affatto delle reazioni ai suoi capelli marci. Lo riaccompagno a San Babila. Sta camminando qualche metro avanti a me, di nuovo raccolto in un completo silenzio, quando un ragazzino corpulento lo urta di proposito all'altezza di *Fiorucci*. Assisto alla scena, con la tensione di chi deve essere pronto a intervenire. Il ragazzino è con un gruppo di amici. Una *baby gang*. Appena sento Auro iniziare a urlare, gli corro accanto.

— CICCIO, CHE CAZZO VUOI, NON HO PIÙ NIENTE DA PERDERE — lo affronta secco Auro, con una mano aperta di fronte alla faccia del *ciccio*.

Il giovane balordo sembra ritirare l'aria da ganassa, ma non indietreggia. Gli altri della gang, che stimo tutti minorenni, se ne stanno in disparte. Ho l'impressione di leggere il labiale del ragazzino sussurrare qualcosa che contiene la parola *vecchio*.

È la fine. Auro molla le redini. So per certo che ucciderlo a mani nude gli riuscirebbe semplice. Senza riflettere, balzo in avanti. Lo afferro per un braccio trascinandolo via, con estrema fatica. Il balordo dice qualcosa di incomprensibile, mima qualcosa, gesticola.

Riesco a portarlo nel primo bar aperto, lo confondo con un fiume di parole, cerco di distrarlo. "Gli arroganti spesso non si avvedono di andare incontro alla morte", dice spesso il Maestro.

Virgin Megastore, piazza Duomo. Auro è dritto come un fuso. Sembra un *marine* che invece di caricare il fucile scartabella volumi nei pressi di uno scaffale. Lo individuo già a una certa distanza. La sagoma ricorda una Tour Eiffel, a cui abbiano fatto indossare un cappuccio di lava rappresa. Odora di cane bagnato a metri di distanza. Vedo in testa squame intervallate da punti neri, simili a uova di storione. C'è il vuoto attorno a lui. Trattengo il respiro e mi avvicino.

— Ehi. —
— S-sì, ciao — dice distratto.

Sta consultando volumi di diritto civile. Mi azzardo a respirare. Le *nuances* del tanfo sono raccapriccianti.

— Non ti sei ancora lavato i capelli — sospiro.
— Oh ma s-sei de cocciooo. T-trovami una n-non a pagamento e m-mi lavo all'istante. —
— Serve un aiuto? — interviene una commessa, venendoci incontro.

Non riesco a intercettarla. A due passi da noi, la sua espressione cambia drasticamente.

— MA LEI NON HA L'ACQUA A CASA? — strepita.

— T-troia acculturata, è p-per gente come te che n-non mi lavo. —

— Fuori, o chiamo la polizia! —

— C-chiamala, c-ci ha già fermati dieci giorni fa. C-chiama pure: polizia, c-carabinieri, guardia f-forestale. E D-DAI C-CHIAMA. —

La libraia strilla qualcosa di confuso. Due clienti armeggiano agitati con i telefoni.

— Non è nulla. Sono il suo tutore, non abbiate paura — intervengo.

Trascino Auro per un braccio. Dato che tenta subito di divincolarsi, devo parare un paio di colpi. Mi becca di striscio sul naso, ma riesco a portarlo fuori. Inizia un piccolo *kumite*. Mi tira due calci spettacolari, il secondo girato al volo. È la sua specialità, ma lo conosco bene e non mi faccio sorprendere. Rispondo con un semplice e secco calcio frontale. "Nella rissa, tigre non si mette sempre a volare", dice spesso il Maestro.

Auro para in parte, ma accusa il colpo. Gli sono addosso, lo blocco. Alcune ragazze ci osservano incuriosite, ma non c'è tempo per provare ad agganciarle.

— Cazzo fai, ti vuoi calmare? —

— Hai c-cominciato tu. E q-quella t-troia, c-che cazzo la d-difendi. —

— Andiamo via, prima che arrivi la polizia. Stavolta non ci diranno *haloa*, bravi ragazzi. —

L'adrenalina deve avermi turato il naso, perché l'odore insopportabile sembra scomparso. "Unica cosa bella dello schifo è sua fine", dice spesso il Maestro.

Giorno 33
Full Metal Jacket

Il Maestro sta eseguendo il *kata gan kaku*. Lo osserviamo rapiti.

— Ossia, eleganza è aspetto primario. Si può essere eleganti anche con stracci. Auro. Qui al centro. Eseguire *kata*. —

Auro balza in piedi dalla posizione semi-accovacciata di *seiza*. Un gesto atletico piacevole. Esegue *tekki nidan*.

— Ossia, bene balzo iniziale ed esecuzione *kata* discreta, ma corpo lontano da mente. CHI DETTO perseverare nel non lavare testa? —
— Oss, M-Maestro — Auro china il capo.
— OSS STUCAZZU. Non puoi eseguire *kata* nobile come *tekki nidan* con aspetto di maiale che si rotola nel fango.
— M-Maestro, io... —
— Ossia, chi detto parlare. Porre rimedio a testa nido di piccioni con guano. Gilles, Pietro. Voi, esatto. *Kumite*, entrambi contro di me! —

Io e Pietro ci scambiamo una rapida occhiata e ci

alziamo. Davanti al Maestro facciamo il saluto. Né io né Pietro riusciamo praticamente a muoverci. Il Maestro esegue una serie di tecniche di *keri* e *tsuki*, proiettandoci con *ashi barai* multiplo. Finiamo a terra doloranti.

— Ossia, non fate finta. Ero al trenta per cento, massimo trentacinque. RIALZARSI. —

Ci mettiamo nuovamente davanti a lui. Ci lascia l'iniziativa. Tiro un calcio circolare *mawashi geri*, esattamente come Pietro, che fa partire la tecnica più rapidamente. Ci troviamo entrambi a terra, esattamente come prima. Il Maestro ride.

— Ossia, quando situazione non muta sia che prendiamo iniziativa sia che non la prendiamo, occorre riflettere. —

Auro osserva, in posizione di spaccata. Pietro gli lancia uno sguardo feroce.

— Bene. Gilles e Pietro, cinque giri di palestra accovacciati. — conclude il Maestro.

Auro resta a guardarci inespressivo. Pare abbia un foulard in testa. Un foulard oleoso con stracciatella: le macchie nere che si mischiano a una coltre biancastra. L'odore ha un raggio d'azione sempre più ampio, soprattutto al chiuso. Il Maestro batte le mani.

— Pietro, aprire porte verso cortile. Areare ambiente — ordina.

Un vento serale rinfresca l'atmosfera pesante.

— Auro, su nocche! — intima il Maestro.

Io e Pietro riprendiamo i nostri giri accovacciati. Vedo il Maestro, a sua volta sulle nocche, in posizione di flessione di fronte ad Auro. Realizzo come tutto questo mi ricordi il sergente istruttore Hartman alle prese con Palla di Lardo, in *Full Metal Jacket*. Come nel film, il Maestro cessa di redarguire Auro, facendo ricadere sia la vergogna sia la punizione sui compagni di corso.

Io e Pietro chiudiamo l'ultimo giro di palestra, restando seduti a gambe incrociate. Auro crolla improvvisamente a terra con un tonfo secco. Il Maestro si rialza con un agile balzo.

— Quando albero cade improvvisamente non è buon segno. Ossia, occorre consolidare nutrimento perché ciò non accada. Auro, lavare *gi*, testa, fare bagno termale. Lezione finita. Saltiamo lezione prossimo sabato. Oss! Sabato, due settimane. —

Giorno 35
Deckard

Lima. All'ingresso del metrò becco Auro. Ha un aspetto curioso. Mi ricorda una delle maschere di Diabolik, quasi ci fosse uno strato di lattice al posto della capigliatura. Gli agglomerati simili a uova sembrano ingrossati. Per qualche ragione, si bilancia nervosamente ora su un piede ora sull'altro.

— Ciao... —

— D-dobbiamo sbrigarci, P-Pietro ci sta già aspettando al r-ristorante — mi interrompe senza mezzi termini.

La banchina è affollata.

— T-tutta q-questa gente mi innervosisce. —

— Rilassati, cerchiamo un punto meno incasinato. —

Saliamo defilati sull'ultima vettura. Auro inizia a parlare tra sè e sè. Digrigna i denti. Il tanfo mette a dura prova i passeggeri. Un tizio si allontana sussurrando un *affanculo te e la doccia guasta de tu' madre*, che per fortuna sento solo io. Arriviamo alla stazione successiva.

— LORETO. FERMATA LORETO — strilla Auro, imitando la voce elettronica.

— Cazzo, controllati — sussurro, mentre scendiamo fendendo la colonna di passeggeri in attesa di entrare. Attacca con il suo pezzo forte: i dialoghi di *Blade Runner*.

— CAPITANO BRIAN. DECKARD! LUI D-DICE CHE T-TU IN ARRESTO! —

Alla banchina di Loreto ci guardano tutti. Scendo rapidamente le scale verso la Linea 2. Arriva provvidenziale il treno in direzione Romolo. Dopo pochi stop restiamo soli, a parte un passeggero addormentato in fondo al vagone. Il livello della puzza è tale da costringermi a gestire ritmicamente il respiro, a intervalli controllati. Mi giro, prendo una boccata, torno in apnea.

— LANZA, FERMATA LANZA — Auro riesce a svegliare il passeggero stanco.

Scendiamo. Mi viene in mente come Auro parta da casa, mi passi a prendere per poi tornare di nuovo al punto di partenza. Una forma di generosità, a suo modo. Nell'uscire, Auro riesce a litigare con i tornelli malfunzionanti.

— M-Maledetti *piezzi* di m-merda — sibila.

Superiamo il *Trottoir*, entrando in via Solferino. Pietro ci attende di fronte all'osteria *Stendhal*. Ha riservato un tavolo "il più lontano possibile da sguardi indiscreti". Il gestore ci accoglie, con un giro di parole.

— Ci avete tolto l'acqua in casa? *Porcoddia fate sghifo* — dice coprendosi il viso col palmo. Auro ride soddisfatto.

Lo conosciamo da molti anni. Da ragazzini l'abbiamo soprannominato *Scianco*, per via della camminata zoppicante. Parte dei clienti, seduti a una certa distanza, ci osservano incuriositi. Due ragazze si danno di gomito. Una signora si mette il tovagliolo sul viso. Pietro siede immobile a un tavolo circolare. Come promesso, nell'angolo più remoto del ristorante. Quando Auro si accomoda, balza su di lui.

— TESTA DI CAZZO — urla, colpendolo con un asciugamano zuppo e carico di saponette.

Non ne sapevo niente, ma non posso esimermi dal restare sbalordito: è la punizione di Palla di Lardo. Auro para, agitandosi come colto da convulsioni. Mi getto tra loro mentre Scianco accorre, saltando sulla gamba debole.

— Ma *ghe minghia* succede! —

Auro ha una crisi epilettica. Cade a terra. Tremore incontrollato, pugni serrati e braccia rigide. Pietro si immobilizza, sorpreso. Cerco il cellulare per chiamare un'ambulanza. Alcuni clienti si alzano per seguire la scena da vicino. Mi chino su Auro, preoccupato, stringendo il telefono tra l'orecchio e la spalla. Apre gli occhi.

— T-teste di c-cazzo, CI SIETE C-CASCATI — urla trionfante.

Giorno 38
Begbie

Il cinema è affollato. Ci accomodiamo a metà platea. Auro si siede fra me e Pietro. Controllo il suo abbigliamento. Una cintola marrone, saldamente stretta in vita, è inerpicata tra le asole strappate di pantaloni blu larghissimi e fuori moda. Ricorda un operaio cinese, con una terribile borsa di plastica gialla a tracolla. Speravo di mettere distanza tra lui e gli altri spettatori, ma il tentativo di isolamento cozza con la quantità di gente che cerca di sedersi.

Il tanfo è peggio dell'ammoniaca. Il cranio una calotta di sughero annerito. Un velo di nafta lo avvolge, facendo *navigare* minuscole e numerose sfere di grasso. È evidente che i capelli stiano cadendo a ciocche, ormai distinguo le differenze da un giorno all'altro.

— Puzzi di schifo — Pietro non la manda a dire.

— M-ma fottiti, t-ti piace s-stare lì a g-giudicare, eh? —

Pietro gli tira una ginocchiata sulla coscia. Auro reagisce con un paio di gomitate accennate. Le luci si abbassano. Finiti i provini delle pellicole in uscita, si spengono del tutto. Il film ha per protagonista Jet Li. Qualcuno parla alle nostre spalle. Tamburella e colpisce ritmicamente lo schienale di Auro. Non c'è bisogno di specificare, la cosa non è propriamente la sua passione.

— Oh allora m-minchione? COSA CAZZO TI MUOVI — urla nel buio della sala. E assesta due schienate al sedile, forti al punto che io e Pietro sobbalziamo, insieme a tutta la fila.

— Ao', a testa de Kojak, macheccazzo te dimeni, guarda er film e lavate — dice il tizio, piuttosto grosso, dietro di lui.

Chiudo gli occhi, scuotendo la testa. Mi salta in mente la scena di Begbie in *Trainspotting*, quando appoggia il coltello sul tavolo e trova un pretesto per menare le mani.

— MA T-TACI, PEZZO DI M-MERDA —
— Ah sì? Se no che me fai, topo de fogna? —
— T-te lo m-mostro subito, COGLIONE. —

Come un lupo in inverno, Auro gli balza addosso. Nasce un parapiglia. Io e Pietro ci alziamo all'unisono, in un rito ormai consolidato. Afferriamo Auro per i pantaloni. Il rompipalle cerca di prendersela con Pietro, che non si fa pregare: lo rimette a sedere con un calcio laterale di estrema potenza. Il pubblico protesta, due svitati urlano "al fuoco!". Una ragazza chiede "c'è Jet Li in sala?"

Purtroppo non ci è possibile sfruttare questa improvvisa popolarità. Scavalcando a forza le file, trasciniamo Auro e ci smaterializziamo verso le uscite di sicurezza. Pietro ride in preda all'eccitazione. Forse è lui, Begbie.

— È stato fantastico, quello stronzo si meritava tutta la tua puzza di merda. —

"Talora un aspetto fastidioso può rivelarsi utile, soprattutto se rivolto a chi ci sta sui *cojuni*", dice spesso il Maestro.

Giorno 39
Escursione

Ho dormito profondamente tutto il pomeriggio. Mi stiro, grattandomi la schiena e vagando per la sala come uno zombie. Quasi le otto di sera. Il led rosso della segreteria lampeggia. *Bip.*

Ossia, prendi auto. Se non mi vedi da Rachelli ore ventuno, passa da Bar Basso. Se non sono al Bar Basso, è perché ti attendo davanti a bar Enza. Dire Auro, invitarlo. Andiamo mangiare gelato a Lodi. Oss.

Richiamo il Maestro sul cellulare.

— Dire. —
— Oss Maestro. Sono Gilles. —
— Oss, vedo. Senti... Sono impegnato con massaggiatrice. Dire poche parole. —
— Oss, Maestro. Stasera allora passo nei locali che mi ha segnalato. —
— Ossia, passa, fai spola. Dove mi trovi, sono. Oss. Spola. —
— Oss, Maestro. Quindi —

Il Maestro abbatte la telefonata. L'Ericsson dice: durata della chiamata tredici secondi.

Doccia veloce, più tiepida che calda. Mi osservo allo specchio. Ho trentun anni, potrei avere un fisico ben più definito. Come Aureliano, magari, che si allena con i bilancieri anche di notte. Dovrei impegnarmi di più. Magari senza bilancieri di notte. Mi butto per terra e improvviso flessioni sulle nocche, flessioni col salto battendo le mani, addominali. Esausto, cado riverso. "Dopo una certa età viso non conta più un cazzo. Unica attrattiva è fisico giusto", dice spesso il Maestro.

Chiamo Auro.

— E-Eccomi. —

— Auro. Ciao, sono Gilles. —

— Ho visto che s-sei tu, p-perlamadonna. —

— Relax. Serata con il Maestro, preparati. —

— Eh? M-ma c-come s-serata c-con il Maestro? Non c-ci penso nemmeno. S-sto studiando c-codici, ho u-un esame. —

— Il Maestro ti ha invitato a mangiare un gelato a Lodi con noi. —

— M-ma che c-cazzo, d-dire le cose CON UN CERTO ANTICIPO, M-MAI? —

— Il Maestro agisce rapido — sto ridendo.

— S-sì va beh. *Morfologia, longevità, date di immissione.* Ora e l-luogo? —

— Cos'hai sussurrato? —

— L-lascia stare. Ora e l-luogo? —

— Davanti al bar Rachelli per le nove meno cinque. Il Maestro potrebbe essere lì. Se non c'è lo dobbiamo cercare al bar Basso. O da Enza, se non lo troviamo neanche lì. —

— L-LINEARE, M-MAI EH. —

— Per lui tutto è insegnamento, lo sai. —

Un clic secco conferma che mi ha buttato giù il telefono: un vizio, oggi. Finisco di prepararmi ed esco. La Talbot sgasa con la consueta arrogante energia, facendomi sfrecciare per via Plinio. Il profilo di Auro si staglia davanti alle vetrine illuminate a giorno del bar Rachelli. Indossa una polo mimetica a maniche lunghe e un gilet verde oliva. I pantaloni hanno un'impressionante serie di tasche, molto tecniche. Sembra che abbia fatto i fanghi in testa. Abbasso il finestrino.

— Ehi! Sali! —
— A-arrivo! —
— Hai visto il Maestro? —
— Nessuna t-traccia. —

Una zaffata di cane bagnato e letame mi investe le narici con una violenza spietata.

— Ma che hai con 'sti cazzo di gilet? —
— N-non mi s-scassare la minchia con queste storie, eh. Li ho m-messi tutti ad asciugare assieme, non ho s-spazio in casa. —
— Cazzo, qua apro, non voglio dare di matto. —
— N-non esagerare, che s-sono sensibile alle correnti d'aria. —
— I capelli, I CAPELLI, CAZZO, sanno di merda! —
— F-fanculo, piantala o m-me ne vado — mi tira una gomitata sulla coscia.
— Passiamo dal bar Basso. Se non lo troviamo lì, allunghiamo fino da Enza. —
— S-sì avevo c-capito. D-diamoci una mossa, Deckard! —

Sgommo. Brucio via Plinio a tavoletta, faccio la rotonda quasi di traverso e vedo sbucare il Bar Basso.

— Lo vedi? —

— N-non v-vedo niente. —

— Guarda bene. Vai a controllare, per favore. —

— M-ma che d-due maroni. S-scendo. —

Sguscia dall'auto come Diabolik, vanificando l'agile gesto con la pesantezza indecente che usa per sbattere la portiera. In compenso le mie narici riposano. Lo vedo muoversi come impazzito attorno ai tavolini. Entra nel bar di corsa. Mi guardo attorno svogliatamente. Nessuno.

"Se non ci si vede ad appuntamento, guardare con attenzione e circospezione. Ossia, indugiare con sguardo. Ruotare testa spesso, non fare come manichino, che resta immobile in vetrina", come disse un giorno il Maestro.

Mi sembra di vedere una figura atletica che gli somiglia, ma non è lui. La portiera si apre all'improvviso.

— N-niente! Al B-Basso, n-non c'è — rifiata Auro entrando al volo. Una brezza odiosa mi investe. Putrida e paludosa. Resisto, fingendo indifferenza.

— Passiamo da Enza. È lì di sicuro. —

— P-per me s-si è d-dimenticato. —

— Impossibile. Ha organizzato lui la serata. —

Altra sgommata. Auro si blinda alla maniglia della portiera. Non fa in tempo ad attaccare con le sue rituali proteste che siamo al bar Enza.

— Cazzo ma è chiuso! —

— C-cosa ti avevo d-detto? Hai visto? S-SEI DE COCCIOOO — tira tre pugni sul cruscotto, per rimarcare.

Resto in silenzio, indeciso. Provo a chiamarlo. Segreteria.

— Non so cosa dire. Al cellulare non risponde. C'è la segreteria. —

— M-ma chi s-se ne frega! Alza i finestrini, fa un f-freddo. —

L'atmosfera è irrespirabile. Sento il ticchettio dell'orologio di Auro. Passano cinque o dieci minuti, non mi rendo conto. Potrebbe essere mezz'ora. Auro è come in *standby*. Sto meditando di accompagnarlo a casa e tornare a dormire, quando un colpo secco sul tetto dell'auto mi fa balzare sul sedile.

— MA CAZZO FATE! Ossia, visti da fuori, con facce poco grintose e corpo ingobbito, siete DE-PRI-MEN-TI. —

— M-Maestro, ma se s-siamo passati d-da Rachelli poi al B-basso, poi qui d-da Enza, che peraltro è p-pure chiuso. —

— Ossia, e cosa avevo detto io? Ci vediamo da Rachelli, se non da Rachelli, Bar Basso, se non Basso, da Enza. —

— M-ma il bar da Enza È C-CHIUSO — per la prima volta sento Auro alzare la voce al Maestro, e resto di sale.

— Ossia, questo esula da discorso e contesto. Meglio non dire. Bene, fatemi entrare. Mi siedo dietro, come personalità importante con guardie del corpo. —

— Oss Maestro. —

— Eh, bene, Oss. Auto spaziosa. Bene per portarci anche puttanella. Ma cazzo, cos'è questa puzza? Ossia, Gilles, SPALANCARE SUBITO TETTUCCIO APRIBILE! —

— M-Maestro, sarebbe m-meglio di no, ho un prin-cipio di raffreddore e la gola arrossata. —

— Ossia, ma non mi dire! Raffreddore e gola disa-stro in piena estate. Vedo progressi! Anche gilet, cambia colore ma stessa *mmèrda*! Testa come mappamondo lucido di catrame. Eseguire apertura di tettuccio immediatamente. —

Auro tace. Apro il tettuccio in totale silenzio.

— Bene, ma non restare in silenzio come monaco shaolin. —
— Oss M-Maestro. —
— Eh, bene. Oss. Mi siedo davanti. Visione testa-mappamondo non bene. Auro viene qui dietro, su sedili posteriori, lontano. —

Nello scambiarsi di posto, Auro sbuffa vistosamente, il che mi sorprende di nuovo. Il Maestro aggiusta lo specchietto di cortesia per guardarlo.

— Ossia, visto così, nell'angolo di sedile posteriore, sembri soldato lasciato in acquitrino di Indocina, PER ANNI. Ma va bene così, ossia, crei at-mo-sfe-ra mi-li-ta-re — scandisce ironico.
— Oss M-Maestro. —
— Gilles, dirigersi autostrada. Portare Lodi. Facciamo passeggiata giusta in piazza e gelato da *Cremeria*, con cameriera su tacchi a spillo. —
— Oss! —
— Qui continuiamo a dire Oss, ma auto ancora ferma. Partire! —

Sgommo. Ho la netta sensazione di impennare, in uno stridìo senza fine.

— Bene, Gilles. Odore di gomma bruciata copre situazione acquitrino di Auro. Auro! —

— S-sì, Maestro? —

— Sento che ancora non messo deodorante! Ma cazzo, mette almeno *arbre magique* sotto ascelle. Gilles, non hai da qualche parte? —

— Maestro, ho un deodorante per auto nel vano portaoggetti. —

— Eh, deodorante per auto va benissimo — e si gira verso Auro impugnando la bomboletta.

— M-Maestro, ma cosa fa? —

— Ossia, se non spruzzo deodorante ti lancio fuori da Talbot in corsa. DECIDI TU. —

— M-maestro, n-non esageriamo! —

— Ma mica muore! Non getto giù da auto, era test. Ora spruzzo. È per ripristino di aromi. Copri occhi! —

Il Maestro spruzza una quantità inimmaginabile di deodorante. Un aroma di vaniglia eccessivamente pungente invade l'abitacolo.

— M-Maestro... NO! —

— Ma non ti spaventa', non è mica acqua. Passa subito! —

— M-Maestro p-perché? — si lamenta Auro.

Accelero. Temendo che la situazione possa degenerare, voglio arrivare a Lodi nel minor tempo possibile. Il tachimetro segna i centonovanta, in aumento. La Talbot è elaborata, ha un carburatore doppio corpo *Dell'Orto* che può spingerla a duecento chilometri orari. Sento Auro che si lamenta, mugugna.

— Ossia, bomboletta finita, come del resto tutte le cose, nella vita. —

— M-Maestro, s-soffoco, penso d-di essermi intossicato. —

— Ossia, PRIMA eri intossicato, adesso ti stai libe-
rando da tossine! Ma abbassiamo finestrini anche dietro! Rinnoviamo atmosfera vanigliata. —

Auro tossisce rumorosamente. Temo sputi un pol-
mone.

— Ossia, tosse espelle tossine, Auro. E non lamen-
tare. —

È riverso sui sedili posteriori. Tace.

— Ma cazzo sono scarpe con suole tagliate? — riprende il Maestro.

Dallo specchietto retrovisore vedo la sagoma di Auro muoversi in maniera scomposta.

— M-Maestro, s-si sono consumate. —
— Ossia,questo era evidente già svariati giorni or-
sono. Cambiare scarpe. —
— Oss! —
— Dice Oss ma poi non cambia! Slip? Cambiati? —
— M-Maestro, sì, ho messo q-quelli nuovi. —
— Ossia, mostrare elastico di slip nuovi a Gilles. Io
non voglio guardare. Ossia, Gilles! —
— Maestro! —
— Eh, bene, Gilles, risposta pronta e grintosa. Ten-
go io volante, tu guardi indietro e controlli slip Auro.
Al mio tre... Tre, via, guardare! —

Afferra il volante mentre mi volto il più rapidamente possibile. Auro mostra l'elastico degli slip: è com-

pletamente sfilacciato. Sono quelli vecchi. Non voglio immaginare il resto. Cerco di non tradire la minima esitazione.

— Gilles? Fatto controllo? Slip bene? —

Incrocio per diversi secondi lo sguardo di Auro. Mi sta fissando con occhi sgranati, senza parlare.

— Tutto a posto, Maestro. Slip nuovi — mento spudoratamente.
— Ossia, nel dire frase hai alzato sopracciglio sinistro e serrato leggermente mano destra su volante. Detto menzogna a Maestro? —

Senza attendere una qualsiasi risposta, mi assesta un colpo a mano e sopracciglio. L'auto sbanda leggermente, ma il Maestro controlla la traiettoria alla perfezione.

— Ossia, per tua menzogna stavamo facendo incidente. —
— Oss Maestro — riesco a dire.
— Gilles, ma SIAMO GIÀ A LODI? —
— Oss Maestro. —
— Guidato con rapidità encomiabile! —
— Grazie Maestro. —
— Temevi lancio di Auro da Talbot? –
— Oss Maestro. Temevo. —
— Ma noo... Ossia, portaci in Lodi centro. —
— M-Maestro, s-so di vaniglia. —
— Eh! Bene, Auro! Era quello lo scopo! —
— M-Maestro, ma io... —
— Oss! Gilles, chi detto NON parcheggiare? Mette qua auto, piazza è vicina. —

— Oss Maestro. —

Parcheggio l'auto in un vicolo. Piazza Vittoria ci accoglie in tutta la sua magnificenza.

— Ossia, per una volta che Auro si è fatto bello con vaniglia, nessuno in giro. Donne come scomparse. Meglio non abbattersi, andare gelateria. —

Percorriamo i portici della piazza deserta. Un vecchio scatarra a distanza.

— Ossia, toccarsi *cojuni*. Questo suono non è buon presagio. —

Arriviamo di fronte alla gelateria in tempo per notare che sta chiudendo.

— E te pareva. Vediamo se riusciamo a farla riaprire per noi. EHI, CARINA! — il Maestro si rivolge a una cameriera ancheggiante sui tacchi a spillo.

Auro puzza di vaniglia e palude. Il Maestro mette un paio di metri tra lui e noi.

— Signori, posso fare qualcosa per voi? —
— Senti, carina, siamo in ritardo. Puoi lasciarci un tavolino con tre sedie? Se vuoi, quarta la metto io per te — ammicca il Maestro.

La ragazza sorride, lusingata. O almeno mi pare. Penso che il suo trucco vistoso nasconda un'età diversa da quella che vuole lasciare intendere. Non che la cosa sia un problema, soprattutto per il Maestro.

— Cosa vi preparo? — chiede la ragazza brandendo un cucchiaio da gelati come fosse una katana. Auro sta per intervenire, ma il Maestro lo fulmina con lo sguardo.

— Ossia, è tardi, ordino io per tutti. Stasera eviterei vaniglia. Facci tre coppette cioccolato e ciliegia. —
— Ossia, Auro, tendi a *volere* parlare troppo. Meglio tacere. Talora silenzio scopa — aggiunge a bassa voce.

— Oss, M-Maestro — riesce a dire con un nervosismo celato a malapena, e la gamba che inizia a tremare.
— Eh, bene. Pensa a cioccolato, ossia, non soffermarti su vaniglia. Fatto indigestione? — ride.

Compare la ragazza con tre coppe abbondanti, evento che sembra placare Auro.

— Sono ventisettemila lire. —
— Bene, Maestro oggi non tocca denaro. Paga tutto Auro. —

Intervengo al volo, per prevenire che Auro dica qualcosa di sconveniente.

— Maestro, oggi per me è una data importante. Offro io — improvviso.
— Ricorrenza di laurea? —
— Oss, esatto. —
— Bene, allora Gilles paga, noi ringraziamo — accenna un breve inchino.

Apro il portafoglio, ma il Maestro mi ferma con un gesto rapido.

— Era test. Gesto vale più di denaro. Oss. —
— Oss Maestro. —

Paga la cameriera con movenze eleganti. Le fa cenno di tenere il resto.

— Bene. Maestro resta. Aiuto cameriera a sbrigare alcuni affari. Torno domani con treno, con comodo. Voi rientrate pure in auto. Ossia, andate piano. Oss. —
— Oss Maestro. —

Camminiamo in silenzio. A una certa distanza mi volto. La cameriera è seduta in braccio a lui. Dò di gomito ad Auro, suggerendogli di guardare.

— C-certo che il M-Maestro ha una facilità c-con le d-donne — bofonchia.

L'aroma di vaniglia si è indebolito, lasciando progressivamente spazio al ritorno di palude e cane bagnato. Viaggiamo con il finestrino aperto per tre quarti e il tettuccio spalancato. Auro non protesta. Si addormenta. "Talora sonno ci protegge da molti disturbi", dice spesso il Maestro.

Giorno 41
Il giorno più lungo

La sveglia mi strappa a un sogno incomprensibile. Uno sconosciuto, dotato di baffi pittoreschi, mi passava a prendere in piena notte per andare a lavorare in un ufficio, urlandomi dal cortile e incitandomi a scendere dal tetto. Mentre mi giro su un fianco per spegnere la suoneria, mi restano in mente una sensazione di inquietudine e l'immagine sfocata di questo tizio, che insisteva sull'indossare una sorta di armatura spaziale.

Domenica. Sette del mattino. Ieri niente lezione e giornata di totale riposo. Oggi il mio amico Franco trasloca, e mi ha chiesto di aiutarlo. Vive nel monolocale di piazza Udine che la madre ha ricavato dall'appartamento in cui hanno sempre abitato.

Testa perfettamente rasata, fisico tornito e palestrato, efelidi sul viso non troppo visibili. Aveva i capelli rossi, prima di perderli. Curato, di un'eleganza impeccabile, veste Prada. Franco ha stile da vendere, persino nel modo di avvolgere le maniche della camicia, subito sotto al gomito.

Avrebbe voluto fare il cuoco di professione, e ha studiato anni tra alberghiero e tirocini. Le bizzarrie del diventare adulti lo hanno invece portato nella cosiddetta computer grafica. È assunto da qualche mese, come modellatore e animatore, in una delle poche aziende che a Milano producono videogiochi. Ultimamente Franco mi sta consigliando, con amichevole insistenza, un corso professionale come operatore 3d. Sostiene che ne ho la stoffa.

Per guadagnare tempo mi vesto come capita e scendo a fare colazione da Enza. Sono al bancone a cercare una brioche alle mandorle quando sento un trillo del cellulare. Il minuscolo schermo dell'Ericsson segnala un nuovo messaggio. Franco.

Ho sottovalutato la mole di roba, hai un amico che possa dare una mano? Uno con il fisico? Grazie, scusa scusa.

Chiamo Pietro. Niente, segreteria. Il Maestro o Ermanno, non mi azzardo neanche. Provo con Auro. Non che la cosa mi entusiasmi. Tralasciando la faccenda della sua non presentabilità sociale in questo periodo, posso facilmente intuire una sua reazione sconnessa. Intollerante a qualsiasi cosa si materializzi all'improvviso, minacciando di spostare l'equilibrio della sua schedulazione. Mai trovato nessuno più irritato di Auro al presentarsi di un evento imprevisto.

Rapida occhiata all'orologio, intanto che arriva il cappuccino. Sette e venticinque. Sarà in piedi da un'ora e mezza, spero più che altro di non svegliare suo padre. Al primo squillo premo il telefono tra spalla e orecchio, per portare tazza e brioche a un tavolo appartato e sedermi.

— U-un'ora insolita p-per Gilles! —

— Buongiorno anche a te. —

— N-non mi d-dire che il Maestro ha fissato una l-lezione improvvisata di n-nuovo. —

— Perché, hai impegni? — tasto il terreno.

— No, m-ma ho le m-mie solite cose d-da fare, mio padre, lo sai. —

— Sto andando ad aiutare un mio amico, Franco, quello che doveva fare il cuoco ma che lavora come grafico 3d. —

— S-sì m-me lo ricordo — mi interrompe.

— Trasloca, gli sto dando una mano. Bisogna andare anche in discarica, mi ha appena chiesto se conosco qualcuno che può aiutarci, perché ha più roba del previsto e —

— E-e m-mi stai c-chiedendo di aiutarvi? —

— Prima hai detto che non hai impegni particolari, ma se devi aiutare in casa... —

— N-no, non fa n-niente, vi aiuto. Ho già p-preparato il riso per m-mio padre. Eh, p-però la p-prossima volta avvisami un p-paio di giorni p-prima, perlamadonna. —

— Ti ho detto, non sapevo che Franco avrebbe avuto bisogno di un'altra persona oltre a —

— S-sì va beh dai, passo da te. —

— Sto facendo colazione da Enza, sono pronto in cinque minuti, forse posso passare io? —

Il telefono è muto. Ha messo giù, di sicuro prima della mia ultima frase. Sono talmente stupito dal non avere discusso per convincerlo a cambiare programmi, che mi chiedo cosa ci sia sotto.

Enza non lavora di domenica mattina, quindi non perdo tempo in chiacchiere. La prospettiva di una giornata di sforzi mi fa optare per una brioche supplementare, stavolta alla nutella. Ordino anche un caffè, da aggiungere al cappuccio. Sto mescolando lo zucchero quando vedo la sagoma di Auro fuori dalla vetrina. Gesticola vistosamente. Mi domando due cose: la prima è quanti minuti abbia impiegato da casa sua a qui, la seconda è cosa stia tentando di dirmi. Indossa il gilet tattico, ancora. O forse una copia di quello che il Maestro gli aveva fatto lanciare dal marciapiedi. Mi alzo, pago la colazione e mi precipito fuori. Una zaffata micidiale mi porta alla mente i sacchetti dell'immondizia, quando li dimentichi sul balcone in piena estate. Rimando giù un violento conato, coprendomi la bocca di istinto.

— Ci hai messo niente ad arrivare, vuoi qualcosa al bar? —

— M-ma sei matto? Ho fatto colazione un'ora e q-quaranta fa. —

— Pensavo avessi buttato via quel gilet. —

— Q-quando il M-Maestro si è alzato e ci ha s-salutati, sono andato a raccoglierlo. N-Non è che i s-soldi li g-gratto dai muri eh. —

"Quando Maestro non c'è, allievi ballano", come disse a suo tempo.

— Deduco che anche il sapone costi ancora troppo? — tossisco.

— S-Sei proprio d-di coccio. D-dove hai la m-macchina? —

Saliamo in auto. Auro apre la portiera imitando i suoni metallici tipici da film di fantascienza. Inforca la cintura in una frazione di secondo, accompagnando il gesto con movenze militari.

— Okay, p-pensi di vestirti, Parker? N-non ho finito il mio caffè. È la s-sola cosa decente su questa n-nave. Qui veicolo c-commerciale *Nostromo*, numero di r-registrazione 180924609. —

Lo guardo di sfuggita, senza riuscire a trattenere un sorriso, più che altro per la citazione numerica. Per quanto si possa conoscere la saga di *Alien*, dubito siano in molti a ricordare il numero di registrazione della *Nostromo*. E sono sicuro che sia corretto. Auro è serissimo, compito e immerso nella sua parte delirante del giorno. Non ci faccio granché caso, sono intento a cercare la via più breve per arrivare a casa di Franco.

— La sigla che hai citato prima... — cerco di mantenerlo nel suo ambiente, e allo stesso tempo avere conferma del suo talento.

— Numero di r-registrazione della USCSS *Nostromo*, di p-proprietà della compagnia Weyland-Yutani. Sembra che *Mother* abbia intercettato una t-trasmissione di origine sconosciuta. Che tipo di t-trasmissione? Un segnale s-sonoro che si ripete a intervalli di d-dodici secondi. Qual era la p-posizione? 6550-99. Un p-planetoide. —

Sopprimo la voglia di chiedergli la missione ufficiale della USCSS *Nostromo*, o la lista completa dell'equipaggio. Siamo fermi al semaforo di piazzale Loreto. Lo guardo e abbozzo un sorriso, per tranquillizzarlo. È impassibile, del tutto inespressivo. Le mezzelune di lercio che gli coprono le lenti mi impediscono di avere una visuale sugli occhi, per cui quando gli parlo devo intuire se mi stia guardando o meno. Controllo la temperatura sul display in cima al palazzo della Banca Commerciale: trentadue gradi. E manca poco alle otto del mattino. Abbasso del tutto i finestrini per fare girare un minimo di aria.

— ECCHECCAZZO! M-mi vuoi fare p-prendere un colpo? —

Rialza con furia il vetro dal suo lato. Per prudenza non reagisco. Metto la testa fuori, per respirare il gas di scarico delle auto vicine. Tutto pur di avere una tregua dal tanfo di sudore, vestiti non lavati e quel cazzo di gilet che sa di paglia fradicia e piscio di gatto. Lo noto grattare con insistenza sempre lo stesso angolo di testa. Cerco di ignorare lo stato del suo cranio. Ho intravisto dalla vetrina del bar che i capelli sembrano discesi in massa, come se un piatto di spaghetti appena scolati fossero stati rovesciati su una boccia da bowling. Le basette lunghissime sono corde unte e sfilacciate. Il cuoio capelluto deve essere in una fase di dissolvimento. Non è una testa, è una frana in movimento.

Imbocco via Andrea Costa diretto in piazza Durante. Auro sembra avere chiuso con la *Nostromo*, e dato che vorrei evitare di continuare la saga e passare ai Marines spaziali, provo a deviare il discorso.

— Di solito non accetti così facilmente di cambiare i tuoi programmi, specialmente alla domenica. —

— E-eh b-bravo, ma oggi passava m-mia madre da casa — attacca a muovere il ginocchio ritmicamente.

Resto un attimo lì sospeso, con un punto interrogativo sulla mia faccia. Lui sempre impassibile e imperscrutabile, nonostante la gamba che vibra. Quando mi soffermo a guardare i suoi occhiali mi viene in mente Rank Xerox, il personaggio dei fumetti. In via Casoretto becco un altro rosso. Ne approfitto per mandare un messaggio a Franco. Cerco di farlo di rapina, senza farmi vedere da Auro.

Vicino a casa tua. Ci aiuta Auro. Fortissimo, te ne avevo parlato.

Risposta a stretto giro di Franco, che in pratica vive una seconda vita al cellulare, un Motorola.

È mica il tuo compagno di karatè? Me lo ricordo! Grazie mille, grazie grazie.

Non trovo un modo per fargli capire che *compagno di karatè* non contiene la definizione della recente irritante "scelta di vita" di Auro. Passato il ponte della ferrovia entriamo nella via che porta in piazza Udine. Trovo parcheggio di fronte alla casa di una sua amica, che è peraltro la figlia di un cantante famoso.

— E-Eh, d-deduco che s-siamo arrivati. M-Mi sai d-dire come mai il M-Maestro ha fatto saltare la lezione d-di ieri? —
— Non ne ho idea, non mi sono posto il problema. Avrà avuto un impegno. —
— S-SEE, UN IMPEGNO — mi fissa da sopra gli occhiali, non so se è perché non vede più da quelle lenti, o per accentuare la sua scarsa propensione a credere che il Maestro possa avere impegni.

Glisso del tutto, per non mettermi a discutere su questo argomento. Sia io sia Pietro abbiamo sempre usato un rispettoso silenzio sulla vita privata del Maestro, cosa che Auro non è mai stato in grado di fare.

— G-guarda, cazzo, s-se salta ancora fuori c-che è andato a p-puttane e che v-vuole convincerci a fare l-lo stesso, è l-la volta che m-mi r-ritiro dal c-corso. —

Si sta scaldando. L'argomento donne, specialmente se associato alla prostituzione, lo manda regolarmente fuori di testa.

— Non capisco, cosa c'entra? Anche se fosse, qual è il tuo problema se qualcuno sceglie di —

— M-MA VACCI TE A P-PUTTANE, VACCI! — mi urla addosso, praticamente sotto casa di Franco.

Suono il campanello. Franco risponde all'istante, senza neanche farmi parlare. Auro sta borbottando "N-non pago per avere una d-donna", a ripetizione, fissandosi la punta delle scarpe.

— Vi ho sentiti. Salite, quarto piano — e fa scattare l'apertura del portone.

L'idea di chiudermi in un ascensore con Auro mi provoca un senso di smarrimento, quindi vado verso le scale. Mi segue senza obiettare: se c'è qualcosa che non teme è lo sforzo fisico. Troviamo Franco ad aspettarci sul pianerottolo, dove ha già accatastato una colossale quantità di materiale.

— Ragazzi, vi ringrazio di cuore, non credo ce la potrei fare senza una mano oggi. —

Mi abbraccia, riservando ad Auro una stretta di mano con il braccio decisamente teso. Non cambia espressione, non commenta il suo aspetto.

— M-ma è t-tutto qui q-quello che dobbiamo spostare? —

— No, c'è un frigorifero che va portato per forza giù per le scale. Non ci sta in ascensore, e non va inclinato. —

Sull'ultima frase vedo Franco assumere la tipica espressione da felino che vuole da mangiare ma non osa rompere le scatole all'umano di turno. Ci mancano solo le fusa e gli occhi socchiusi.

— O-ottimo, dov'è il f-frigo? —
— Di qua. —

Fa strada verso la cucina. Passiamo attraverso una sala da pranzo completamente spoglia. Tutto è stato non solo svuotato, ma anche pulito alla perfezione. Ho un moto di invidia per l'estrema precisione che Franco ha quando si focalizza su qualcosa.

— Hai fatto tutto da solo? —
— A parte l'aiuto di mia madre per pulire. —
— Quindi s-si va d-dove di p-preciso? — Auro non ha intenzione di uscire dalla modalità teutonica.
— Beh, carichiamo la roba che avete visto sul pianerottolo. Una parte va in discarica, poi —
— D-discarica quale? — Franco rimane un attimo interdetto. Lo capisco.
— La riciclería dell'AMSA di via Olgettina, dalle parti del San Raffaele. Ci arriviamo passando da via Palmanova, costeggiando un tratto della linea due. —

Auro annuisce vistosamente con la testa, con ampi gesti ritmati. Franco lo guarda come se stesse osservando una rara specie di iguana.

— Ash, q-quando Dallas e Kane s-sono fuori dalla n-nave, sono io l'ufficiale in c-carica. —

Scuoto la mano silenziosamente, per fare capire a Franco di ignorare la cosa, di comportarsi come se fosse tutto normale.

— Direi che potremmo caricare prima quello che è sul pianerottolo, che in ascensore ci sta. —

Auro continua con il suo gesto di annuire con la testa. Franco ci espone rapidamente una sorta di ordine a cui aveva pensato per spostare il materiale da lì al piano terra. Dopo mezz'ora di tetris e tre viaggi in ascensore, siamo a cavallo. Tutto, a eccezione del frigorifero, è al piano terra. Franco arriva trafelato, con un grosso portachiavi in mano.

— Corro a prendere il furgone. —
— Ah, p-perché n-non era già qui f-fuori? —
— È parcheggiato in piazza Udine, saranno duecento metri — Auro annuisce di nuovo in modalità iguana. Franco esce correndo.

— Cazzo, ma non riesci a stare un po' calmo? Ho capito che ci stai aiutando, però —
— S-sono calmissimo, faccio solo d-domande che hanno a che fare c-con la logica. —
— Oggi non ce la puoi fare a fare finire le frasi degli altri, ve —
— Mother? *Interfaccia 2037 p-pronta per richiesta.* Richiedo v-valutazione della procedura per terminare la c-creatura aliena. *Impossibile e-elaborare. Dati d-disponibili insufficienti.* —

Naturalmente emula alla perfezione anche la voce metallica del computer della *Nostromo*. Iniziamo a caricare, con Franco che porta una mole disumana di roba. Non mi ero mai reso conto di quanto fosse forte. Auro non è da meno, ma lo vedo stranamente rilassato, quasi come fosse in uno stato di risparmio di energia. Franco chiude il furgone e ci riporta di sopra, stavolta in ascensore. Entro in apnea, non ho idea di come faccia lui a resistere. Di fronte al frigorifero, osservo come sia già stato pulito e sbrinato alla perfezione. Auro sale in cattedra.

— O-ottimo ragazzi, ora fatemi spazio p-per favore — si sposta dietro il voluminoso elettrodomestico e in pratica lo solleva di peso, da terra.

Io e Franco cerchiamo di inserirci per aiutarlo ma lui senza dire niente ci fa chiaramente capire di spostarci. Lo sento soffiare, ritmicamente. Ci guardiamo increduli, indecisi sul da farsi. Indietreggiamo per farlo passare e gli indichiamo la strada, come un navigatore su un'auto da rally. Mi sento un po' meno in colpa per le mie sessioni pomeridiane di *Colin McRae* su XBox. Auro porta il frigorifero fino all'imboccatura delle scale del condominio, appoggiandolo con delicatezza. Lo guardo riprendere fiato per pochi secondi, neanche avesse spostato uno zaino.

— O-okay, adesso io mi metto sotto, s-sostengo il frigo e voi lo tenete da sopra e ai l-lati in modo tale che non si pieghi e non p-prenda direzioni s-scorrette. —

Non facciamo in tempo a commentare che ha già iniziato le operazioni di discesa. Franco si posiziona sul lato esterno a sinistra, io dalla parte del corrimano. Faccio una fatica notevole a seguire il ritmo di Auro, che è altissimo. Continuo a incespicare e a tenere per me le imprecazioni che mi si formano in mente.

— MA T-TIENILO MEGLIO PERLAMADONNA! — Auro inveisce, e non ho idea se stia urlando a me o a Franco.

Sento il torace e le spalle diventare un solido unico. Vado a fuoco dentro e inizio a prevedere un cedimento, quando scorgo una luce naturale. Il portone! Auro ha ripreso a soffiare come un mantice, Franco lo sta aiutando ad appoggiare la bestia di metallo e freon. Sento le mani mollare lentamente la presa e rilasciare una secchiata di endorfine.

— È da qualche p-parte nel terzo condotto. D-Dallas devi essere m-molto cauto. Fermati un attimo. Ho p-perso il segnale! — è la reazione di Auro al termine di quella fatica.
— Bestiale, ragazzi — Franco si mette a fare respirazioni defatiganti, a gambe larghe. Credo non abbia sentito la citazione di *Alien*, per fortuna.

Semi-accasciato sul tappeto dell'ingresso, ho l'impressione di vedere passare il gatto rosso di Ripley. Auro si mette tra di noi, dritto come un fuso, ci guarda per alcuni secondi e batte tre volte le mani.

— F-FURGONEEE! —

Franco solleva la testa un attimo. Lo vedo cercare istintivamente il mio sguardo per trovare risposte, o conforto, o non ho idea cosa. È completamente paonazzo. Probabilmente non sono da meno, con la differenza che lui è più o meno in piedi, io sono riverso per terra. Auro spalanca il portone e resta fermo a mento alto, come una guardia svizzera. Franco si avvicina e mi offre la mano tesa. La uso per fare leva e rimettermi in piedi, mentre lui estrae le chiavi del Ducato e me le passa.
Incrocio lo sguardo di Auro, o così penso, dando per buono che dietro le mezzelune di smog lui stia guar-

dando me. Uscendo dalla porta lo vedo ricominciare ad annuire vistosamente con esagerati movimenti della testa. Non mi pongo il problema di portare il frigo al Ducato: appena apro gli sportelli sento ricominciare il mantice di Auro. Vedo Franco praticamente fingere di aiutarlo, mentre lo carica. Giro la chiave e tiro un paio di sgasate a vuoto per testare il furgone. "Acceleratore va premuto con decisione e precisione, senza esagerare nello sgasare, come tigre con preda", dice spesso il Maestro.

Ci sono tre posti davanti, Franco si mette in mezzo. Estrae un cd masterizzato, sul quale leggo la scritta a pennarello *Trancia Volume III* (1997), e lo carica nel lettore. Parte un qualcosa che non riesco a definire, ma che dopo un paio di minuti inizia a martellare seriamente. In fondo a via Carnia devo dare la precedenza.

— Franco? — mi giro a guardarlo.
— È *Snikers*, DJ Goa. Non ti piace? —
— L-lascia su, m-mi aiuta a s-svuotare la mente — interviene Auro.

Mi limito ad abbassare il volume sotto la soglia del dolore. Accelero, sfruttando la lunghezza di via Palmanova per fare entrare il massimo di aria dallo spiraglio che ho lasciato dal mio finestrino. Auro afferra la maniglia della portiera, come se la cintura di sicurezza non fosse sufficiente. Probabilmente non è soddisfatto di come stiamo superando il treno della linea verde alla nostra destra. Mi chiedo come Franco possa venire a patti con il tanfo generale, soprattutto con il gilet.

— G-guarda che dietro abbiamo un f-frigo, un p-paio di materassi, una r-rete a due piazze e s-sorvolo su

tutto il resto del materiale, n-non senti questo s-suo-
no? S-sembriamo una g-giostra al luna p-park, perlamadonna. —

Mi accontento del fatto che non stia alzando la voce, e continuo la mia andatura. In fondo al rettilineo
c'è da svoltare a destra, e la curva tende a sembrare un
po' stretta quando la si guarda da lontano.

— N-NON È LA C-CURVA DI L-LESMO, C-CHEC-
CAZZO! —

Soddisfatto, rallento. Nessuno parla fino alla sbarra
chiusa all'ingresso della ricicleria.

AMSA, via Olgettina: occorre esporre un documento
per dimostrare di risiedere nel quartiere. La sbarra si
solleva senza alcun controllo: anzi, con ampi gesti an-
noiati un tizio ci indica di procedere alla nostra destra.
Un paio di auto stazionano già all'interno dell'area de-
stinata ai rifiuti da riciclare. Parcheggio di fianco a una
di queste, quando sbuca dal nulla uno degli operai. Lo
vedo agitarsi, ma con i finestrini chiusi e la musica ancora alta non sento le parole. Non riesco a trattenere
una risata: sembra la controfigura di *Super Mario*, il
personaggio del videogame. Basso, grandi sopracciglia
e baffi neri, cappello verde, tuta gialla fosforescente e
scarponi scuri. Auro abbassa il suo finestrino, dal momento che il tizio sta sbraitando da quel lato.

— Ma gheggazz siete ampazzit? Qua ci sta un limit
di roba che ze pò sgariga'! — si sbraccia vistosamente indicando di fare retromarcia e smammare. Auro si
sporge fuori dalla portiera.

— E-EH M-MA UN P-PER FAVORE N-NON CI FA-
REBBE S-SCHIFO, BAFFO! —

Baffo attacca a saltare come se avesse visto seriamente le tartarughe da colpire con la testa prima di prenderle a calci e superare il livello.

— MA PORGHIDDIA MALADETTI AVVOI E A BBERLUSHCONA CHE V'HA FATTO VOTA', GHEGGAZZ DI FAVORE VE DEVO FA'? —

Io e Franco ridiamo sguaiati. Fuori, vedo due ragazzi darsi di gomito e sorridere a loro volta. Mi sposto per cercare di riportare Auro dentro l'abitacolo, che ancora un po' e cade dal finestrino. Franco interviene come mediatore.

— Ma no, dai, abbiamo solo un materasso, una rete e un paio di scatoloni con delle carte e avanzi di mobili in legno. —

Non sentivo un tono così accomodante dal messaggio di fine anno del Presidente della Repubblica. *Baffo* si ricompone, evita di guardare Auro e ci chiede di aprire il furgone per controllare. Scendo ed eseguo.

— Vabbe' vabbe', sgarigat e buttat. E quel frighe? —
— No, quello lo traslochiamo. —

Baffo fa un cenno sbrigativo, che cogliamo come un okay. Auro resta su, Franco mi passa la rete e i materassi. Mi rendo conto che il tunz-tunz del cd si sente anche da fuori, a finestrini chiusi. Mi sa che Auro ha alzato il volume.

— Signore, dove vanno i materassi? — Franco continua con il vincente tono clericale.
— Nell'ingombranti. —

— La rete va nel ferro? — intervengo.

— Nell'ingombranti, buttate nell'ingombranti, tutto nell'ingombranti — chiarisce il concetto.

Sono vicino alla piattaforma con il cartello INGOMBRANTI, quando vedo Franco mostrare lo scatolone del legno a *Baffo*. Non pone neppure la domanda, che sento da lontano "NELL'INGOMBRANTI, TUTTO NELL'INGOMBRANTI!". Se Auro fosse sceso, a questo punto avrebbe citato un paio di regolamenti comunali, dichiarando in infrazione l'operaio per scarsa perizia. Ne sono certo. Franco si pulisce le mani sui pantaloni, finisco di gettare l'ultimo scatolone e risalgo sul mezzo. Appena aperto lo sportello, vengo investito da un assurdo volume di cassa in quattro. Abbasso, temendo una reazione di Auro che però non arriva. Suppongo avesse alzato per impedire a se stesso di sentire parlare *Baffo*.

— A-avete f-finito? —
— Sì, a posto. Possiamo andare. —
— O-ottimo. —

Ripartiamo. Di nuovo zero controlli, la sbarra si solleva e via. Sento borbottare. Abbasso il volume ulteriormente per capire cosa sia.

— ...negli ingombranti, t-tutto negli ingombranti — ripete Auro, come un mantra.

All'improvviso spegne la musica. Si sistema gli occhiali e mette una mano davanti alla bocca, simulando una radio trasmittente. Inizia ad annunciare *ogni singola strada*, imitando alla perfezione la voce del radiotaxi.

— czzz. Piazza Oberdan. Oberdan. Piazza Oberdan. czzz. Un'auto in Piazza Oberdan. czzz. Un'auto al 24 di via Palestro. Palestro. Via Palestro. czzz. —

Così, per tutto il tempo. Potrei anche svisare tre ore per Milano che lui coprirebbe ogni singola via senza fare una piega. Sono tentato di distrarlo chiedendo informazioni sulle specifiche dell'ufficiale scientifico impiegato sulla *Nostromo*, Ash, quando Franco mi previene.

— Gilles, prima che mi passi di mente: ti lascio il pieghevole di questa scuola, *Up to Date*, dove ho mandato un paio di amici. Adesso sono anche miei colleghi. Io insisto, puoi avere la stoffa. Hai impegni lavorativi in questo momento? —
— G-Gilles in q-questo periodo è davvero p-preso bene con C-Colin McRae — interviene Auro, senza ironia. Non lascio il tempo per capire la battuta.
— Sto cercando di dare gli ultimi esami per la mia laurea. —
— Ma sai, la mia laurea è stata Photoshop. È la base, lo ripeto sempre. Un po' come quando impari a suonare il piano: la chitarra non dovrebbe riuscirti tanto complicata, no? —

Mi sfugge il nesso, e fingo di guardare ripetutamente negli specchietti con aria paranoica. Auro lo nota.

— C-cazzo hai C-COLIN MCRAE I-IN PERSONA, DIETRO! — mi strappa una risata, che cerco di soffocare per via dell'ondata di sudore rancido che arriva.
— Come hai avuto questa casa in via Cesare Correnti? —
— Un caro amico di famiglia, Alberto. Ha due ap-

partamenti nel palazzo: in uno ci vive, nell'altro teneva in affitto una famiglia da circa venticinque anni. Lo scorso anno è entrata la polizia, con una squadra speciale, sai i tipi con il passamontagna... —

Corrugo la fronte. Ricordo bene di avere letto di quell'episodio. Agenti del GIS si erano sostituiti agli operai di un'impresa di ristrutturazioni che lavorava in un appartamento del centro. Una mattina avevano fatto irruzione, entrando da porte e finestre. C'era la foto di due agenti vestiti di nero, con giubbotti antiproiettile e caschi con visiera blindata. Si erano calati dal tetto in corda doppia, entrando come felini.

— ...insomma, Alberto scopre che la famiglia gestiva un racket per conto di non so quale organizzazione criminale. Da sempre! Lui ignorava la cosa, sembravano persone per bene, sai come si dice in questi casi. Le indagini l'hanno scagionato, ma non ha potuto mettere l'appartamento sul mercato, per questioni legali. Ora è sbloccato, ma per vincoli legati all'inchiesta non può venderlo. Io avevo l'esigenza di uscire di casa, una sera se ne parlava e a lui è venuta l'idea. Tecnicamente non potrei pagargli un affitto perché lui non può farmi un contratto. Diciamo che ci siamo messi d'accordo. —

Auro lo sta fissando con il suo aspetto robotico, intento a elaborare qualcosa di poco amichevole. Lo sento, anche senza vederlo. Eppure tace.

— È davvero un caro amico, uno di famiglia, mi sta facendo un favore incredibile. In pratica è in comodato d'uso — continua Franco.

Mi volto con cautela, e distinguo Auro che ha come un moto di rilassamento. Se così si può definire. Parcheggio. Franco mi mette una mano sul braccio senza dire niente, mostrando un portachiavi con un pulsante e un led rosso. Lo punta verso un palazzo e vedo un enorme cancello nero aprirsi. Fa schioccare un lato della bocca. Auro inizia subito a imitare il gesto. Entro nel palazzo in retro.

— Bene ragazzi, stavolta niente fatica. Ci sono due ascensori, possiamo usarne uno per spostare la roba. Lasciamo libero il secondo per le persone del palazzo. Non dovremmo metterci molto. —

Nel cortile, Franco estrae il Motorola, solleva l'antenna con la bocca e schiaccia un solo pulsante. Dopo un *bip*, si allontana. Lo sento parlare con Alberto. Si stanno scambiando istruzioni. Auro si avvicina, facendomi ricordare che indossa ancora l'orrendo gilet di paglia bagnata.

— Usiamo u-un solo ascensore *s-stucazzu* — sussurra, mettendosi immediatamente al lavoro per scaricare il materiale.

Franco si gira verso di noi e schiocca ripetutamente le dita, continuando a parlare al cellulare. Faccio cenno ad Auro di fermarsi. Lui si blocca nella posizione in cui è, e così rimane. Letteralmente. Congelato.

— Bene, ragazzi, l'ascensore da usare è quello di sinistra — e con un'altra pressione del suo passepartout elettrico fa scattare il portone del palazzo. Auro si rimette in movimento, esattamente da dove si era interrotto.

— Salgo a preparare la sala, dove porteremo tutto, poi me la cavo da solo a sistemare. Quinto piano, lascio la porta aperta, naturalmente. —

Salgo a mia volta sul retro del furgone per dare una mano. Auro la prende come una decisione sui ruoli da lì in avanti, perché ricomincia a dare ordini e a fare la spola tra me che gli passo oggetti e l'ingresso, di fronte all'ascensore. Dopo un tempo che non so valutare, lo guardo. Lui nota che dentro è rimasto solo il frigorifero. Batte due volte le mani e mi indica di scendere. Lo slega, lo sposta, lo solleva e senza aspettare o chiedere aiuto, lo porta giù. Muove le gambe come un fenicottero al rallentatore, inclinando il frigo solo di qualche grado. Nell'appoggiarlo davanti alla porta dell'ascensore resta impigliato con il gilet. Sento un suono come di strappo.

— M-MA NO, P-PERLAMADONNA! NO, NO, NO, NOOO! — fa una giravolta su se stesso. Doppia.

Vedo una lacerazione, ma è talmente minimale che fatico a collegare la reazione. Ho un'illuminazione, e cerco di sfruttarla.

— Gettalo! Gettalo lontano, getta lontano la tua merda! — e rido.

Auro mi fissa, credo, da dietro le inespressive lenti. Non commenta. Si gira, osserva un ascensore, poi l'altro. Li apre entrambi, e inizia a buttarci dentro roba, all'impazzata. Sento che dovrei ricordargli la raccomandazione di Franco, quando vedo che chiude l'ascensore di destra, con lui dentro. Sale. Il secondo ascensore è già colmo. Non avendo alternative, ci entro e lo seguo. Così, per tre volte. Franco non se ne accorge, dato che resta tutto il tempo nell'appartamento intento a portare dentro il materiale che gli stiamo caricando. Do' un'occhiata all'orologio: le sei meno cinque. In cortile c'è movimento. Probabilmente persone che tornano a casa. Una coppia di ragazzi vedono il traffico con gli ascensori, ci guardano, alzano le spalle e prendono le scale.

— Auro, mi sa che dovremmo —
— D-dai aiutami a caricare la c-cassettiera che p-poi resta solo il f-frigo, e me lo s-smazzo io. —

L'aiuto con la cassettiera consiste nel sollevarla per dieci secondi e spingerla dentro con lui, per non graffiarla. Esce, mi fa cenno di salire con il carico, e inizia le manovre con il frigorifero. Salgo. Franco mi accoglie sul pianerottolo e mi da' una mano con le ultime cose da spostare. Poi mi guarda.

— Auro? —
— Di sotto con il frigo. —

Sentiamo due uomini parlare, dalla tromba delle scale. Ci fermiamo per capire meglio. Riconosco Auro come uno dei due. L'altra voce mi è nuova. Franco si concentra, ma la voce del mio amico è decisamente soverchiante. Dopo pochi secondi lo sentiamo urlare.

— MA CHE C-CAZZO V-VUOI, IO DA S-STAMATTINA M-MI STO FACENDO UN CULO Q-QUADRATO A SPOSTARE MOBILI, ELETTRODOMESTICI E IL R-RESTO DEL C-CASINO, M-MA PORTA R-RISPETTO! —

Franco corre giù per le scale. Non ho il coraggio di muovermi. Peraltro di fronte a casa sua si respira un buonissimo profumo a metà tra muschio bianco e *Nivea*. Probabilmente è la sua scia. Sento parlare animatamente, e a tratti distinguo il tono clericale di Franco, segno che sta cercando di mediare. Mi sento troppo stanco per cercare di intervenire. So che dovrei, ma per una volta scelgo di rifiatare. Perdo il conto dei minuti, e cesso anche di prestare attenzione al vociare che arriva da basso.

Un rumore meccanico mi dice che gli ascensori stanno salendo. Arrivano contemporaneamente. Auro spalanca le ante con una tale violenza, che temo si sfondino i vetri. Ci si mette in mezzo subito, in posizione marziale, e tace. Fissa il muro di fronte, di nuovo con il mento in alto. Franco e un signore di mezza età, minuto e calvo, escono in silenzio dall'altro. Franco gli fa cenno di passare, con un gesto del braccio che mi ricorda il geometra Calboni con la contessa Mazzanti Viendalmare. L'omino si mette un Borsalino in testa, stringe la mano di Franco e si dirige verso l'appartamento di fronte. Capisco solo adesso. Alberto. Lo osservo aprire lentamente la porta, entrare, appoggiare la valigetta nera per terra e richiudere. Solo in quel momento Auro si riattiva. Franco entra in casa senza dire una sillaba, lasciandomi con i miei interrogativi. Che poi, volendo, non lo sono neanche. Resto sul pianerottolo mentre Auro porta il frigorifero dentro. E poi un baule. E quattro scatole di dimensioni ragguardevoli. Due zaini. Una pianta, che sembra quella onnipresente nel film *Leon*.

Entro. Franco si sta asciugando le mani. Si sistema gli occhiali dalle lenti rotonde, si passa una mano sul cranio lucido, ci guarda.

— Ragazzi, non so come ringraziarvi, vi invito a cena appena ho finito di sistemarmi, vi cucino un menu da capodanno. —

So cosa significa questa offerta, e annuisco entusiasta. Lo abbraccio. Le due pacche più forti che gli rifilo sono un tacito accordo tra noi. Auro non ha il gilet, e per un attimo resto sorpreso.

— Porto il Ducato all'*Avis* di via Carnia. —
— Grazie, grazie ragazzi — Franco ha una postura, un tono di voce e una gestualità che neanche Paolo Sesto.

Sul pianerottolo ho un'esitazione. Lo spioncino dell'appartamento di fronte passa da bianco a nero. Alberto ci sta osservando. Se ne accorge anche Auro, che fissa la sua porta.

— Dallas, s-sei sicuro che non ci siano segni della c-creatura? Deve essere lì. Okay, voglio levarmi d-da qui. Oddio, si m-muove verso di te. Dallas, n-non da quella parte, d-dall'altra! czzz. Dallas? D-Dallas? —

Usciamo e ripartiamo. Naturalmente, *radiotaxi* tiene banco per *tutto* il viaggio di ritorno.

— Pordenone. czzz. Pordenone. Un'auto in piazza Udine. czzz. Udine, uno. Udine in tre minuti. czzz. —
— Di cosa avete discusso tu e Alberto? —
— D-diceva che la g-gente onesta quando a-arriva a casa dopo una g-giornata in f-famiglia ha tutto il d-diritto di poter salire con l'ascensore, e che io ne avevo o-occupati due di due. —
— Ma difatti Franco ce l'aveva chiesto, e —

— La g-gente onesta quando a-affitta gli appartamenti nonostante dica che sono in *comodato d'uso*, e p-prende i S-SOLDI, sta z-zitta quando d-dell'altra gente o-onesta sta lavorando spostando t-tonnellate di m-merda. —

All'*Avis* riconsegno chiavi e documenti; assisto al controllo di routine e pago con i soldi che mi ha lasciato Franco.

— Cena da qualche parte? Sono avanzate trentottomila lire dal noleggio, Franco aveva detto di tenere il resto — Auro annuisce vistosamente.
— Da queste parti c'è la pizzeria *Ortica*, famosa in zona. La pizza somiglia a quella di *Spontini*, più buona, e l'atmosfera è molto rilassata. —

Ordiniamo due capricciose e una birra media a testa, che bissiamo con una seconda a fine cena. Non diciamo una sillaba, per tutto il tempo. C'è una televisione in un angolo della sala, fissata al muro. Auro la guarda da quando siamo entrati. Finisco di bere, e guardo il mio amico.

— Andiamo? Ti accompagno a casa. —

Silenzio. Brusìo del locale, voce dalla TV.

— Auro? —

Mi avvicino, mi alzo un attimo per cercare di incrociare lo sguardo da dietro le lenti sporche. Mi arriva il prevedibile tanfo. Sta dormendo, immobile, seduto con la schiena dritta. Mi giro verso lo schermo. Una puntata di *Super Quark*, con la familiare voce di Piero Angela che commenta qualcosa sul Serengeti, che nessuno nel locale sta ascoltando davvero.

— A-andiamo. S-sì accompagnami a c-casa. —

"Dopo intensa giornata di lavoro, sonno arriva prima che lo si desideri", dice spesso il Maestro.

Giorno 45
Cimici

Il tram sferraglia con i consueti scossoni. Auro è seduto accanto a me, la testa sovrastata da un casco di banane. Nere. Sembra una *gorgone* di merda. L'odore è così intenso da rendere l'aria semplicemente irrespirabile. Si alza.

— Dove vai? —
— D-devo LIBERARMI — urla, sedendosi di fronte alla porta in fondo. Gli vado incontro.

— C-che b-bello cagare in l-libertà! — annuncia, calandosi i pantaloni.
— CAZZO FAI? —

Auro mugugna, defecando. Un tanfo intollerabile invade il tram. Dal nulla compare il Maestro, che mi indica con un dito.

— Eh, tu. Sì, tu. Ma sai cos'è la *mmèrda*? —

Squilla il cellulare. Cerco una risposta da dare al Maestro, ma la suoneria si intensifica.

Mi sveglio di soprassalto, in un bagno di sudore. Guardo a destra e sinistra, con un senso di smarrimento. Un concerto di uccelli filtra dalla tapparella della camera, assieme a una forte luce naturale. Il telefono squilla con la stessa insistenza che aveva nel sogno. Lo afferro e cerco di leggere il nome sullo schermo minuscolo, mentre mi strofino gli occhi.

È Auro. E sono le sei e quaranta del mattino.

— C-ciao, n-non ti ho svegliato, v-vero? D-dovresti venire a imbiancare la m-mia stanza d-da letto, urgente. —
— COSA? —
— La m-mia stanza d-da letto — continua, decisamente più nervoso del solito.
— Che cazzo stai dicendo. —
— In q-questi giorni n-non ho d-dormito bene. —
— E chi dorme bene? Fa un caldo assurdo. —
— S-sì, ma io mi sveglio in p-piena notte con un prurito t-terribile, e mi ritrovo pieno d-di macchie sul c-corpo. —
— Lasciami dormire, le zanzare le abbiamo tutti. —
— N-non si t-tratta d-di zanzare. —
— Cosa, allora? Nido di vespe in testa? —
— T-ti dico. D-dopo una settimana di questo c-casino mi sono s-svegliato, ho acceso t-tutte le luci e ho alzato il m-materasso. Centinaia di c-cimici f-frinivano f-facendo un r-rumore osceno. Il l-letto era invaso, erano ovunque. S-SI ARRAMPICAVANO S-SUL C-CORPO, P-PER LA MADONNA. —

Il credito di sonno, che ronzava pesante attorno alle tempie, cede il passo a un urto di vomito.

— Ma vaffanculo, non ti lavi, non incolpare qualcos'altro. —

— N-no, ho chiamato ieri il d-disinfestatore e ha detto che n-non c'è una c-causa precisa p-per un'invasione del genere. Ha spazzato v-via gli insetti c-con una b-bombola. —

— Non ho capito cosa vorresti che facessi. —

— T-te l'ho d-detto, imbiancare la stanza, ora che è d-disinfestata. —

Mi torna in mente il trasloco di Franco, e non mi riesce di mandarlo a cagare. Arrivo a casa di Auro, per la cazzo di imbiancatura. Addirittura mi sorride. Noto parecchi segni viola sui polsi e sulle dita delle mani. Ovviamente lo sguardo mi cade sulla testa: un copertone, un pneumatico come parrucca. La puzza non si regge. Un misto di piedi, cane bagnato, carne putrefatta. E gomma bruciata. Vado in apnea.

— D-devi solo f-fare la p-parete accanto al letto, di rosso, eh, c-come ci siamo detti — mi indica con insistenza la latta di vernice.

Ho come la netta sensazione che Auro non sia in grado di accettare una contestazione. Osservo la parete. In prossimità del pavimento è praticamente nera. Mi avvicino, e noto una miriade di punti scuri.

— Cosa sono quelle macchie? —

— L-le uova delle c-cimici. Il disinfestatore le ha s-sterminate p-prima che potessero schiudersi. Tranquillo, s-sono tutte m-morte. —

Non riuscendo a sviluppare una risposta coerente, continuo a guardarmi attorno. Il letto mi ricorda un convento: una brandina scarna, isolata dal resto. Su federa e lenzuolo c'è la sua impronta, una specie di sudario. Dietro al cuscino si distingue un'ombra dalla sagoma ben definita. Sembra che l'unto si sia impresso sul muro, come la foto di un fantasma.

— Cosa faccio con i punti neri... Con le uova? — chiedo, temendo la risposta.

— C-Chi se ne f-frega, coprile con il c-colore. N-non posso aspettare un altro g-giorno. —

Trattengo il rigetto, non ho voglia di discutere. Apro la vernice, tuffandomi nel suo odore pur di non sentirne altri. La prima mano sembra scivolare sulle orride uova inerti. Sento uno scoppiettare croccante al passaggio del pennello. Una patina di gel nero organico si mescola al colore, creando striature verticali granata. Passo una seconda mano. Sono costretto a una terza. Alla quarta, la vernice ha ragione di quello schifo.

Ho bisogno di un bicchiere d'acqua, ma il timore di quello che ci potrebbe essere dentro mi fa rinunciare. Ripenso alle uova stese sul muro, e il tanfo della testa di Auro passa in secondo piano.

"È strano come uno schifo possa scomparire per far posto a uno schifo di categoria superiore: a schifo non c'è mai limite", dice spesso il Maestro.

Sento borbottare da qualche parte della casa. Appoggio il rullo, entro in cucina e sorprendo Auro parlare tra sè e sè, in un angolo. Mi guardo attorno. Le pentole, ordinatamente disposte, sono di pregio. Tegami smaltati, antiaderenti. Vasellame bianco, blu, dorato. Sembra una collezione curata nell'arco di anni. Su una parete due teste di animale, presumo trofei di caccia. Nella semioscurità della stanza hanno un aspetto inquietante. Un orologio di dimensioni colossali, adatto a una stazione ferroviaria, scandisce rumorosamente lo scorrere dei secondi.

— Cazzo fai, dai i numeri? —

— Macché. S-sto p-parlando con delle s-simpatiche persone. —

Ripenso a *Full Metal Jacket*. Mi si gela il sangue come quando il soldato Joker sorprende Palla di Lardo nei cessi, intento a parlare al suo fucile.

— Smettila. Sembri da manicomio. —

— Certo, m-magari lì t-trovo un'infermiera che m-me la dà. —

Sento scricchiolii alternati a passi rapidi provenire dal piano di sopra. Auro accende le luci, che sparano potenti sulle sue stempiature.

— Devo vedere il punto del rumore. Da dove si genera — continua, scrutando senza sosta.

Il suono si intensifica. Piccoli colpi secchi. Distinguo oggetti che rotolano. Forse biglie.

— Allora! ALLORA, BASTARDI! LA VOLETE FINIRE? —

Si agita muovendosi come un ballerino di tip tap. Afferra una scopa con la rapidità di un maestro di spada, e batte violentemente il manico contro il soffitto. Muove una quantità di polvere, si staccano scaglie di vernice, che cadono come neve sulla sua testa. Lo prendo per un braccio e lo allontano dalla stanza, temendo che si stacchi l'intonaco.

Auro si divincola. Esce di casa, come una scheggia corre sul pianerottolo. Lo seguo. Sale le scale tre gradini alla volta. Bussa violentemente agli inquilini del piano di sopra, suonando il campanello all'impazzata. Sono alle sue spalle.

— E BASTA RUMORE. Avete tolto quella cazzo di soletta, porci! Raschiate il pavimento, sento correre tutto il giorno quello stronzo di bambino! Rotola, tira le biglie, CHE CAZZO FA! —

Sento una voce femminile, rauca e debole, al di là della porta.

— Ma cosa vuoleee? A casa mia faccio quello che voglio. Se cerca il silenzio se ne vada in campagna, coglione! —

Prima ancora di farla arrivare a "coglione" Auro attacca a calciare la porta della vicina con violenza cieca. Lo trattengo, mi spinge via, cerco di trascinarlo, mi tira una gomitata. Lo riprendo, mentre una signora apre. La donna è minuta, avrà una sessantina di anni. Si aggiusta gli occhiali. Auro è un lago di sudore. Lo sguardo è accecato dalla rabbia e le *mostra i denti*.
Nella manciata di secondi in cui li vedo esposti, in quel modo animalesco, non posso fare a meno di notare lo stato in cui sono. Forse è solo un'impressione, ma sembrano sanguinare. La signora arretra all'istante, richiude la porta. Silenzio.
"Poche cose danno soddisfazione come la fine di un rumore incessante", dice spesso il Maestro.

Giorno 46
Stanza Centouno

Entro con Pietro e Auro al *Balabiott*, per un caffè veloce, e perché in sostanza ci piace ascoltare Prezzoleni. Sicuramente a me e a Pietro. Auro è sempre sul chi va là, con lui. Pietro apre la porta come un cowboy che entra in un *saloon*. Prezzoleni non la prende bene.

— Eh, semper en gir a fa' flanella, che cassü a vurí vialter? —

Auro è di pessimo umore, parla pochissimo e si massaggia di continuo una guancia. Da ieri ho il forte sospetto che la sua strategia abbia coinvolto anche i denti. Le gengive sanguinanti mostrate alla vicina non mi hanno lasciato granché da immaginare. Pietro cerca di fare il ganassa con Ermanno, probabilmente perché lo diverte, quando dalla toilette vedo uscire il Maestro. Dò di gomito a Pietro, che non se n'è accorto. Ora comprendo meglio il ghigno che Prezzoleni ha te nuto da quando siamo entrati.

— Oss M-maestro! —
— Chi detto puzzare fiato? —
— Ho avuto p-problemi alle g-gengive, ho un dolore tremendo, Maestro. —

— Ossia, devi lavare denti con movimento sinergico, come fossero massaggi orientali, e senza dimenticare filo interdentale. Prossima volta, fai così. —

— Oss M-maestro. —

— Pietro, Gilles. —

— Maestro? — rispondiamo all'unisono.

— Come curatori di salute e immagine di Auro state andando di cazzo. Cento flessioni, chi crolla a terra prima di completare, *kumite* con me. —

Lì per lì sono incredulo, e lo fisso interrogativo, come attendendo risposte a una domanda che non mi azzardo a formulare.

— Esatto, flessioni qui, in bar. Adesso. —

Neanche mi avesse letto nella mente. Arriviamo a settanta, ci scambiamo un rapido sguardo e ci lasciamo cadere a terra, cercando di farlo nello stesso istante. Non li vedo, ma sono certo che per i clienti del bar questo sia un giorno memorabile.

— Ossia, caduti come sacchi di patate — ci deride il Maestro. Temo il peggio, e per un attimo chiudo gli occhi.

— Bene, oggi voglio essere generoso. Punizione eccessiva cessa funzione educativa e peggiora persone. Occorre tendere a livello più alto. Niente *kumite*, portatelo in ospedale per trattamento denti — chiude, passandoci accanto e salutando solo Ermanno.

Guido nel traffico congestionato, accelerando e rallentando con rapidità e maestria. Imbocco a velocità quasi offensiva viale Regina Margherita, puntando al pronto soccorso del Policlinico.

— NON È POSSIBILE — urla Pietro, cedendo al nervosismo accumulato.

— E-eh, m-mi fa un male porco il d-dente! Vai più veloce c-che puoi — sbraita Auro.

— 'Sto cazzo di dente te lo cavo a calci. Hai smesso di lavare pure quelli? —

Suono il clacson, in modo martellante. Nessuno si schioda. Venerdì sera del cazzo. Pietro finge di avere una paletta, ma la rivista che ha arrotolato e che agita dal finestrino non funziona. "Ma *futtetinne*" urla un automobilista sbracciandosi. Ignoriamo gli insulti. Cerco un varco dove sgusciare. La vista del Policlinico giunge come la visione di un'oasi di salvezza. Entro veloce nella rampa d'ingresso, peggio di un'ambulanza.

— Cosa succede? — un infermiere ci accoglie, a metà tra la premura e il sospetto.

— Ha un forte dolore al dente — Pietro indica Auro, semiaccasciato sul sedile.

— Sicuri che sia solo quello? —

— E-e c-che altro d-dovrei avere? — scatta d'istinto Auro.

— Capisce, qua le domande le faccio io, serve per il *triage*. —

Avverto paranoia. Pietro ha già capito, e scatta a trattenere Auro da dietro con una morsa poderosa.

— Il nostro amico è rimasto fuori casa per diverse notti, ha rotto con la fidanzata — intervengo improvvisando in maniera patetica.

— Capisco. Le questioni di cuore sono sempre le più delicate. —

— Ha questo dolore tremendo, non sappiamo se sia il nervo trigemino. —

L'infermiere esce dalla portineria. Dalla rapidità con cui indossa la mascherina, immagino che avverta l'odore immediatamente. Esamina Auro. Soffoca un conato. Si riprende con prontezza. Per qualche ragione non commenta tutto il corollario di schifo e tanfo.

— Chiamo il medico di guardia — dice risoluto.

Auro svanisce per mezz'ora. Al ritorno racconta di una serie di lastre e mi pare di capire alcuni tamponi. Si siede di fronte a noi, nella sala d'attesa poco illuminata. Ci sono quattro persone che dormono riverse sui sedili.
Il medico, uno smilzo sulla quarantina dallo sguardo simpatico, arriva con un foglio in mano.

— Auro De Mira? —
— SIGNORSÌ SIGNORE, SOLDATO BIANCANEVE PRESENTE — urla Auro senza esitazioni, svegliando tutti. Il medico rimane un attimo interdetto.
— Bene, mi segua. Venite pure anche voi — aggiunge con un sorriso forzato.

Arriviamo davanti a una porta color avorio, su cui campeggia il numero 101. Il medico la spinge, indica ad Auro di entrare e si gira verso di noi.

— Aspettate gentilmente fuori. —

Scompaiono dentro la stanza, ma la porta resta socchiusa. Io e Pietro ci avviciniamo.

— Allora, penso che il suo dolore sia determinato da un'infiammazione piuttosto seria del nervo trigemino, una gengivite e un granuloma non curato. Il fatto è che sembra evidente come lei non badi alla sua salute. Cosa le succede? —

— Il f-fatto è che n-non... — Auro si interrompe, abbassando la voce.

Come se sapesse che siamo in ascolto. Né io né Pietro riusciamo a sentire la risposta. Un'infermiera si accorge di noi, si alza e arriva a chiudere la porta, guardandoci torva.

"Talora uno spiraglio di interesse può chiudersi davanti a noi per un futile motivo", dice spesso il Maestro.

Giorno 47
Omo tigre

Il Maestro è in spaccata, in equilibrio tra due panche. Ha gli occhi chiusi. Auro passeggia nervosamente per gli spogliatoi con le ciabatte in cotone che gli abbiamo procurato. La situazione è complicata da descrivere. Sembra Kojak, ma con un cappello di cera nauseante. Avendo perso molti capelli, le stempiature sono conclamate. La "copertura" dell'odore supera i due metri di distanza.

— Che è, s'è spaccato un tubo della fognatura? — dice una voce non familiare.

È uno dei body builder che si allenano nella sala pesi adiacente il *dojo*. Il Maestro apre gli occhi.

— Ao' 'a faro demmèrda, e lavate — insiste il tipo, avvicinandosi ad Auro.

— C-che c-cazzo vuoi, P-PANZONE — ribatte Auro in un crescendo di ferocia.

— 'A tronco demmèrda, mo' te corco. —

— Chi non tollera atmosfere pesanti non può dirsi forte — interviene il Maestro, mettendosi di fronte.

— Ma levate, *omo tigre* — dice arrogante.

Cerca di afferrare il Maestro, che lo blocca all'istante con una presa a chiave al collo. Impallidisce, finendo a terra semi-svenuto. Rantola. Il Maestro lo molla.

— Ossia, sei un bravo ragazzo, torna a fare pesi, che è meglio. —

Il tizio si trascina fuori dagli spogliatoi, lento.

— Ossia, spesso pesi sono fardello. Auro, CHI DETTO TENERE testa fogna di Calcutta? —

Auro resta in silenzio.

— Ossia, per oggi basta. Emozioni eccessive. Lezione finita. Prossima lezione anticipata. Ossia, giovedì ultima lezione prima di chiusura estiva — annuncia il Maestro.

Una ventina di minuti dopo, entro con lui al *Balabiott*.

— Oss Maestro! Cosa prendete? —
— Oss Ermanno! Facci due cappucci. —

Ci sediamo al primo tavolo libero. Naturalmente, data la presenza del Maestro, veniamo serviti alla velocità della luce. Prezzoleni arriva con passo deciso, quasi militare. Il cappuccino è veramente buono. Disegno qualche cerchio nella schiuma con il cucchiaino, tra un sorso e l'altro.

— Ossia, Auro ha come mongolfiera di merda al posto di testa. —
— Maestro, aveva il letto pieno di cimici. —

— Ma che belle notizie mi dai! Situazione è seriamente uno schifo. Ossia, per avere cimici nel letto occorre davvero non pulire per anni. Adesso come va? —

— Ha fatto disinfestare, poi gli ho dato una mano e ho imbiancato. Dovrei raccontarle come ho dovuto dare la vernice... —

— Meno male, però... Ma guarda quella, che figa! — mi interrompe brutalmente.

Mi giro verso il bancone.

— Ma DOVE GUARDI? Ossia, sguardo va dove voce va. Guardare verso ingresso. Fighetta, con vestito trasparente. —

— Oss, Maestro, visto. —

— Meglio tardi che mai. Vita strana, eh? Da una parte abbiamo testa di Auro come pallone di catrame, dall'altra queste visioni angeliche. Tolto forze. Oss. Giovedì. —

Giorno 50
Béilis

Saluto Enza. Il suo fascino è sempre strepitoso. Indossa un elegante tubino nero.

— L'amico tuo? Nun t'accompagni più a lui? — esordisce sorridendo.

— Non lo sento da qualche giorno. —

— Speremo che se sia rinfrescato — aggiunge ironica.

— Speriamo. —

— Daje, nun te devi abbatte. Te servo un shakerato *ar Béilis*. —

Bevo in silenzio, riflettendo. Dopo un tempo indefinibile, appoggio il bicchiere vuoto, lascio i soldi sul tavolo e faccio un cenno a Enza. Sorride e mi saluta.

Corso Buenos Aires. All'altezza di *Spizzico* squilla il cellulare. È Pietro.

— Ehi, come va? Hai sentito Auro? —

— Non dall'ultima lezione. —

— Si è lavato? —

— Non ne ho idea. Sabato sembrava avesse un granchio di letame appoggiato in testa. —

— Non ce la faccio con lui, non così. —

— Non ti ho detto delle cimici? Aveva la camera da letto invasa. Insetti e uova dappertutto. La scorsa settimana ha fatto disinfestare. —

— CAZZO, MA CHE SCHIFO. Insopportabile. Non capisco, fino a poche settimane fa era curato. Elegante, profumato. Gli è successo qualcosa in vacanza? —

— Non ne ho idea, non ne ha mai fatto cenno —

Superata la vetrina di *Intimissimi*, in Piazza Argentina mi fermo al semaforo rosso. Ho il sole a picco. L'autobus 55 passa.

— Allora ci si vede giovedì. —

Rimetto il telefono in tasca, quando un tremendo odore acre mi assale le narici. Mi volto, convinto di trovare Auro. Il barbone, che da mesi staziona fra il Bar Gatto e il negozio della Chicco, mi chiede gli spicci. "A volte odori fortissimi rievocano persone a noi familiari", dice spesso il Maestro.

Giorno 51
Sta salendo uno serio

— Dai, organizzo questa festa lampo prima delle vacanze. È un'idea di Auro. Ti giuro, mi ha detto che si lava. Testuali parole: "lindo e profumato per la serata" — incito uno scetticissimo Pietro.

— A che ora? —

— Nove, da me. —

— Ma l'ha detto lui che si lava? Ha garantito? Come fai a essere sicuro? —

— Ha promesso stamattina, dice come gesto di riconoscenza per l'imbiancatura. Sai, dopo l'episodio delle cimi... —

— Sì, sì, non ricordarmelo. —

— Poi l'ho richiamato dieci minuti fa. Ha ribadito. Ga-ran-ti-to che si lava i capelli. Nove, stasera. Dai passa. —

— E va beh. Sarò con Lara e Benedetta. Mi raccomando, sul serio, non credo che... —

— Tranquillo! — lo interrompo.

Lo saluto e ripenso ad Auro al telefono, un quarto d'ora fa: era sereno, pacato, accondiscendente. Persino allegro. Non lo sento così da tempo. È la volta buona, e sono seriamente intenzionato ad andare a fondo. Voglio parlargli, capire cosa l'ha fatto sprofondare in questo modo. Stasera ci divertiamo alla festa, ma domani dopo l'ultima lezione lo porto da qualche parte con Pietro. Lo facciamo bere, lo facciamo uscire da quel guscio di incomunicabilità. "Talora i cambiamenti repentini del clima avvengono anche nelle persone", dice spesso il Maestro.

Alle nove meno un quarto è tutto pronto. L'appartamento è lustro, finestre chiuse e aria condizionata. Tavoli e sedie sistemati al centro della sala, Xbox e relativi videogiochi fatti abilmente sparire, sacco da boxe lucido di cera. Luci basse ma non troppo; dallo stereo si diffonde *On the Beach*, di Chris Rea. E visto che siamo in tema, lascio in un angolo due bottiglie di *Lancers* e *Mateus*. Perché siamo tutti ragazzi degli anni Ottanta. Siamo in otto, inclusi Pietro, Lara e Benedetta. Per quanto improvvisata, sento che la festa ha un suo perché. Gli invitati sembrano a loro agio. Ho evitato di caricare piatti e vassoi di stronzate da supermercato. Zero patatine, zero pretzel secchi, zero bibite gassate americane. Dato che quando improvviso lo voglio fare bene, ho chiamato Franco ai fornelli, perché è un cuoco di altri tempi, uno con il manuale dell'Artusi stampato a memoria. Se invito amici e loro portano persone, perché propinare *Cipster* e cubetti di formaggio, quando posso avere uno chef a mantecare un risotto fatto a regola d'arte?

Franco sta tagliando le verdure finissime, con una maestria straordinaria. Lo osservo, immerso nel suo ambiente prediletto: cucina e fighe. Sono certo che prima di uscire si sia depilato le braccia, spalmando *Nivea For Men* su tutto il corpo.

— Vedete? Le verdurine vanno preparate in questo modo, tagliate *à la julienne*. Non va inclinato il coltello più di quanto sto facendo, bisogna seguire il profilo delle dita, per non rischiare di farsi male — illustra, in preda alla sua consueta eccitazione.

Le ragazze lo fissano rapite, seguendo i suoi movimenti e molto probabilmente anche il labiale. Mentre le osservo, sento Franco dire una cosa come "nello stesso modo in cui preparereste una *remoulade* di sedano", e mi si forma un sorriso soddisfatto.
Lara e Benedetta sono bellissime: indossano abiti da sera, hanno brillantini su spalle e collo. Un profumo discreto e sensuale. Noto scarpe rosso-vernice con tacco da almeno dieci. Benedetta mi pare avere messo un'opzione sul dopo-festa di Franco, del cui esito non sono sicuro: una rapida occhiata mi fa ritenere che abbia i malleoli un po' *poco spigolosi*, per piacergli. Le sue esigenze da iper-uranio a livello di corpo femminile sono leggendarie. Sento sulle spalle due mani dalla stretta poderosa. Mi giro. Pietro.

— Ma Auro quando arriva? Non resisto, voglio vederlo di nuovo normale. —

Faccio per rispondere, ma suona il citofono.

— Sì? —
— Sta s-salendo uno. Uno S-SERIO — Auro riattacca con le citazioni. Oggi siamo a *Leon*.

Sento il rumore metallico dell'ascensore che si muove. Pietro è accanto a me, lo vedo abbozzare un sorriso curioso. Apro la porta.
Tutto si ferma, come se davvero Leon fosse sbucato dal buio e ci avesse abbracciato da dietro, piazzando il coltello subito sopra il pomo di Adamo. Auro sembra un alieno tenuto prigioniero per anni nell'Area 51.

I vestiti sono incredibilmente lerci e unti. Ci sono due colossali strappi sul gilet. L'acconciatura è oleosa, talmente scura e lucida che mi ricorda la tomaia degli stivali militari dopo la cera. Gli occhiali sono anneriti, tipo quelli di un saldatore. Il tanfo è talmente istantaneo che, senza riflettere, corro rapido verso le finestre. Le spalanco tutte, e di istinto metto il regolatore dell'aria condizionata a cannone. Vedo Pietro coprirsi la bocca e il naso. Incredulo, ha gli occhi pallati, a fissarlo. Le scarpe di Auro hanno la suola del tutto scollata, e la punta è saltata. Avanza strascicando i piedi neri, lento e rumoroso come *Terminator* dopo essere stato colpito dalla pressa idraulica. Ride senza un motivo apparente, e farnetica. I capelli, completamente rappresi, mostrano stempiature suppongo irrimediabili. Linee in rilievo fanno capolino sulla parte ormai pelata. Per un attimo penso possano essere vermi sottocutanei, e devo abbracciare il sacco da boxe per cacciare indietro i conati di vomito. A qualsiasi distanza distinguo la sua puzza, un disgustoso misto di *raclette* e latte rancido.

— E CHE CAZZO, AVEVI PROMESSO! —

Come risposta, Auro mima mosse pelviche inconfondibili, una specie di danza propiziatoria sessuale. Ricomincia a delirare, senza balbettare.

— Questo non pesce, squama di serpente! Abdul Ben-Hassaaaaan, luuuuui fa queste cose! UUUGEEE-EEEEEMMMM! —

Si ferma, e dal nulla lancia un suono, riconoscibile come il segnale acustico che precede gli annunci nelle stazioni ferroviarie.

— Attenzione! Diretto 2186 per Sestri Levante, Genova Brignole, GENOVA PIAZZA PRINCIPE, delle ore nove e zero cinque partirà dal binario sedici, anziché dal binario ventidue. Ferma a Pavia, Voghera, Tortona, Arquata, Imperia Porto Maurizio, Sanremo, Bordighera, FOTTITI, CULO! —

Non riesco a fare o dire nulla. Resto avvolto al sacco, cercando di respirare il profumo della cera con cui l'avevo pulito e lucidato ore fa.

— Intercity Francesco Cilea, di prima e seconda classe, con solo servizio ristorante e cuccette di prima e seconda classe, per Reggio Calabria, Siracusa, AGRIGENTO, delle ore nove, subirà un ritardo di venti minuti. —

Franco emette un verso in falsetto. Lo guardo per capire se sta ridendo o altro, ma non colgo. Auro è in preda alla follia. Lara e Benedetta arretrano, con due tovaglioli a proteggere naso e bocca.

— Intercity Laio 351, di prima e seconda classe, proveniente da Bellinzona, delle ore... —
— FIGLIO DI PUTTANA — interrompe Pietro, con un volume di voce impressionante, e un passo deciso verso Auro.

Mi stacco dalla presa al sacco, e riesco a intercettarlo all'ultimo secondo. Franco urta la pentola con le verdure, che cade rovinosamente. Lara e Benedetta corrono verso il bagno, chiudendosi dentro.
"Quando tutto sembra sereno, uragano in arrivo è oltremodo scioccante", dice spesso il Maestro.

Giorno 52
Dita di piede a spada

Il Maestro indossa una maschera. Una maschera del teatro *Nō*.

— Ossia, tutti usano maschere di tanto in tanto — esordisce pacato, con la voce attutita.

Io, Pietro e Auro siamo seduti davanti a lui in posizione *seiza*. I postumi della festa di ieri sono ben visibili, soprattutto l'impenetrabile silenzio che separa me e Pietro da Auro. Oggi è l'ultima lezione prima della chiusura estiva. La testa di Auro ha uno strato di grasso e unto talmente consolidati da sembrare un rivestimento di gomma fusa. Non ha più frangia. L'odore: un campo appena concimato sembra la metafora giusta.

— Auro ha indossato sorta di maschera per molti giorni, ossia cinquantadue giorni. A Maestro non sfugge nulla. Oggi è ultimo giorno. Da domani toglierà maschera *testa di morte*. Ossia, dobbiamo liberarci di maschere — e si leva la sua, gettandola lontano.

— Eh. Bene. *Kumite*, Auro con me — impone il Maestro.

Auro balza in piedi, rapido. Il Maestro lo attende, immobile. Il *kumite* ha inizio. Auro esegue un paio di tecniche acrobatiche. Un calcio doppiato, a cui ne segue uno girato al volo. Il Maestro sembra irraggiungibile. Compare e scompare davanti a lui, come un'ombra. Una saetta rapidissima raggiunge Auro allo stomaco. Né io né Pietro l'abbiamo vista partire. Resta a terra, un paio di metri indietro.

— Ossia, maschere non bastano a proteggerci — spiega il Maestro, guardando prima il suo avversario, poi noi.

Auro è a terra boccheggiante.

— Occorre integrità — il Maestro gli fa cenno di rialzarsi, e lui si rialza con grande fatica. Il suo sguardo non mi sembra molto presente.

— Ossia, Gilles, Pietro. USCIRE DA PALESTRA. *Kumite* continua a porte chiuse — intima.

Usciamo, restando appoggiati alla porta. Sento diversi suoni, che deduco essere impatti. Infine carpisco il Maestro dire: "calcio *mae geri* con dita di piede a spada". Segue un forte tonfo, secco. Poi il silenzio. Attendo con Pietro. Giusto un paio di minuti, che mi sembrano trenta.

Si riapre la porta. È Auro. Vedo un segno ben visibile sulla giacca del *gi*. Uno strappo all'altezza dello stomaco. Ci fa un cenno, lentissimo, tenendo lo sguardo sempre a terra. Rientriamo.

Il Maestro siede in mezzo alla palestra, del tutto rilassato.

— Bene, lezione finita. Oss. Estate. —

Resto solo con il Maestro, carico di domande che tengo per me. Andiamo a consumare il rituale cappuccino. La barista ci accoglie sorridente.

— Ossia, vedi barista? —
— Maestro, è molto bella. Potrebbe innamorarsene? —
— Innamorarmi. IO? Al massimo glielo metto nel culo. —

Epilogo
Tre anni dopo

Sto per incontrare Pietro, di passaggio in città. Abita in Inghilterra da due anni e mezzo, quasi tre. Lo osservo venirmi incontro: è sempre lui, piacente, muscoloso, brillante. Ci abbracciamo calorosamente, prima di entrare al *Radetzky*, in largo La Foppa. Le ragazze del tavolo accanto gli sorridono mentre ci sediamo. È piacevole sentirsi in una situazione familiare.

Attendiamo Auro. È bizzarramente in ritardo, cosa a lui estranea. Pietro mi racconta delle sue nuove abitudini, il suo lavoro nella *City*, la moglie inglese. Chiede come mi sento nel nuovo ruolo di modellatore 3d, chiede di Auro, come va la sua vita da consulente in diritto internazionale, e ascolta con piacere e divertimento i miei resoconti. Coincidenza, mentre gli sto raccontando della mia recente assunzione alla *Temple*, mi arriva un sms: è Franco, ora mio collega.

Scusa Gilles, ieri ho perso le chiavi di casa, ho dormito in ufficio sotto l'altare, intanto che finivo un render. Posso passare a prendere la copia di chiavi che ti avevo lasciato? Scusa.

Non riesco a trattenere un sorriso. Gli rispondo di passare da me in serata, quando con la coda dell'occhio noto avvicinarsi una figura atletica, vestita di bianco. Auro. Elegantissimo, i capelli rasati e ben curati. Le stempiature si notano ma non intaccano il colpo d'occhio. Tiene per mano una bellissima donna orientale. So che Auro ha "incontrato una persona" di recente, ma non ho i dettagli.

— Ragazzi, come va? Lei è Nyoko — esordisce, stringendoci calorosamente la mano — è appena arrivata da Malpensa. —

Pietro è piuttosto sorpreso per la scomparsa della balbuzie, dettaglio che mi era sfuggito di raccontargli. Ci presentiamo a Nyoko e ordiniamo quattro *Bellini*. Consumiamo gli aperitivi mentre riassumiamo i rispettivi ultimi mesi. Scopriamo che Nyoko è ricercatrice al MIT, di genitori giapponesi ma nata nel New Jersey.

— Nyoko deve riposare, per recuperare il jetlag. Ma ci tenevo a farvela conoscere. —

Ci accomiatiamo da lei, che sussurra qualcosa all'orecchio del suo compagno prima di allontanarsi con eterea eleganza e salire su un taxi.

— Come l'hai conosciuta? —
— Durante un tirocinio negli Stati Uniti. Ero a questa festa, a Boston, e c'era lei, bellissima. Stavo cercando un modo per rompere il ghiaccio, quando le cade a terra la ciotola delle arachidi. Sparo all'istante il numero esatto, a voce alta. Lei è una matematica, ed è competitiva. Molto competitiva. Non credeva che avessi azzeccato. Ha scommesso una cena. E ho vinto. Da cosa nasce cosa, lo sapete meglio di me. —

Vedo Pietro ascoltarlo e guardarlo con palese ammirazione. Svuotati i bicchieri, andiamo con il secondo giro, finendo per rivangare il nostro tempo assieme.

— Senti Auro, ho una curiosità che se ne sta lì da anni — Pietro ha un'esitazione.
— Vai, spara — lo esorta.
— Cos'è successo quella volta in palestra, hai presente l'ultima lezione prima dell'estate, il Maestro che ti costrinse a fare *kumite* a porte chiuse. Pochi mesi prima che me ne andassi — Pietro ci gira attorno, quasi non osasse citare i cinquantadue giorni di "passione" di Auro.

Lui sorride, in pace con se stesso. Ci fissa negli occhi, rigirando ritmicamente il polpastrello sul bordo del *flûte*. Mi sembra abbia acquisito un'estrema conoscenza delle tempistiche teatrali.

— Il Maestro mi ha colpito con *mae geri*, punta di piede a spada. È stato tutto talmente rapido che per assurdo l'ho percepito al rallentatore. Un suono di tessuto strappato, e come una lama che entrava nelle budella. Ho creduto seriamente di morire. Ho pensato che se fossi sopravvissuto a quel colpo, sarebbe cambiato tutto. Io dovevo cambiare. —

Lo ascoltiamo in una sorta di religioso silenzio. Penso al Maestro, e avverto ammirazione. Io e Pietro abbiamo parecchi altri sospesi. Come è iniziato quel periodo, perché Auro smise di lavarsi, come è possibile che in seguito abbia cessato di balbettare... Ma è come se il racconto ci abbia soddisfatto. Le vecchie ombre del nostro amico possono restare nel suo passato.

La serata scorre via liscia, tranquilla e divertente. Ci alziamo, brilli. Mi offro di accompagnare a casa entrambi. L'aria è profumata e secca, priva di afa. Attraversiamo Milano, accogliente e illuminata dai colori della sera. Abbassiamo i finestrini. Prendo una curva morbida in Corso di Porta Volta, e Pietro fa una battuta sul mio stile di guida, oggi eccezionalmente tranquillo.

All'altezza dell'*Atm Bar*, come sempre affollato dentro e fuori, rallento per ammirare una ragazza su tacchi vertiginosi. Ancheggia sul marciapiedi con una sigaretta fra le dita. Pietro ci fa notare i reggicalze fare capolino dal vestito minimale. Improvvisamente, con un gesto da lupo, Auro sporge la testa dal finestrino.

— VAI COSÌ. PESTA UNA MERDA CON IL TACCO A SPILLO E INFILAMELO IN BOCCA! — grida sguaiato. E in una frazione di secondo si ricompone, fischiettando il tema di *Blade Runner*.

"Piccole manie mantengono vivo interesse per la vita", dice spesso il Maestro.

Gilles tornerà a raccontare di Franco,
di videogames, di Auro, Ermanno
e il Maestro nel prossimo volume:

Frank

www.ingramcontent.com/pod-product-compliance
Lightning Source LLC
LaVergne TN
LVHW011012200726
843509LV00011B/1071